英 烈 故 事

◎蒋祖烜 主编 ◎凌 郝

革命理想大于天

毛简青

湖南人民出版社

图书在版编目（CIP）数据

革命理想大于天·毛简青 / 凌辉著. —长沙：湖南人民出版社，2019. 10（2019.12）

（英烈故事丛书 / 蒋祖烜主编）

ISBN 978-7-5561-2307-0

Ⅰ. ①革… Ⅱ. ①凌… Ⅲ. ①毛简青（1891—1932）—生平事迹

Ⅳ. ①K827=6

中国版本图书馆CIP数据核字（2019）第200658号

GEMING LIXIANG DAYU TIAN MAO JIANQING

革命理想大于天·毛简青

主 编	蒋祖烜	
著 者	凌 辉	
责任编辑	龙妍洁妮	
装帧设计	杨发凯＋见所创意设计工作室	
责任印制	肖 晖	
责任校对	谢 喆	

出版发行 湖南人民出版社［http://www.hnppp.com］
地　　址 长沙市营盘东路3号
邮　　编 410005
经　　销 湖南省新华书店

印　　刷 湖南凌宇纸品有限公司
版　　次 2019年10月第1版
　　　　 2019年12月第2次印刷
开　　本 880 mm × 1230 mm 1/32
印　　张 5.375
字　　数 57千字
书　　号 ISBN 978-7-5561-2307-0
定　　价 25.00元

营销电话：0731-82683348 （如发现印装质量问题请与出版社调换）

前言

　　英雄是民族最闪亮的坐标,一个有希望的民族不能没有英雄。中华民族是崇尚英雄、英雄辈出的民族。在中华民族伟大复兴进程中,无数英烈为民族独立、国家富强前赴后继、英勇献身。他们以热血浇灌理想,用生命捍卫信仰,构筑起一座座不朽的精神丰碑。他们的事迹和精神是激励我们砥砺前行的强大动力。

　　值此中华人民共和国成立70周年纪念之际,为缅怀英烈、歌颂英雄,铭记历史、凝聚力量,我们组织编写了"英烈故事"丛书。

　　丛书以中央有关部门"捍卫英烈形象主题宣传人选名单"的英烈为叙事对象,每位(组)烈士单独成册,分批推出。用英烈生平事迹,彰显英烈精神的时代价值;用通俗的故事化表达,强化丛书内容的感召力。着力讲好英烈故事，传颂好英烈"未惜头颅新故国，甘将热血沃中华"的献身精神、"为有牺牲多壮志，敢教日月换新天"的凌云壮志，为理想信念和社会主义核心价值观宣传教育，提供一套有思想、有温度的学习参考读物，引导营造崇尚英雄、学习英烈、捍卫英烈的浓厚社会氛围。

"两个一百年"奋斗目标是当代中国共产党人最重要最现实的使命担当，也是中华民族伟大复兴的百年宏愿。实现我们的目标，需要英雄，需要英雄精神。让我们更加紧密地团结在以习近平同志为核心的党中央周围，以英烈精神激发社会干事创业的磅礴之力，勠力同心，让承载着近14亿中国人民伟大梦想的中华巨轮，继续劈波斩浪，扬帆远航，胜利驶向更加美好的明天。

编 者

2019 年 10 月

毛简青（1891—1932），湖南平江人。曾留学日本，获东京帝国大学经济学硕士学位。回国后执教于湖南省法政学校，在长沙文教界从事革命活动。1921年加入中国共产党。在湖南省审计院任审计员、湖南省财政厅任经济股股长期间，多次倾力资助党的活动。1924年任中国国民党陆军军官学校（即后来的黄埔军校）政治教官。1925年创建中国共产党在广西最早的党组织——梧州支部和梧州地委。1927年，任中共湖南省委委员兼平江县委书记，带领平江工农义勇军参加秋收起义。1928年领导20万农军"三月扑城"斗争，有力地支援了井冈山革命根据地的斗争。1928年6月，以湖南代表团书记的身份出席在莫斯科召开的中共六大。回国后为党中央机关从事日、英、俄等国文字翻译工作，之后调中国革命互济会。1931年赴湘鄂西苏区，任《红旗日报》第一任社长兼总编。1932年牺牲于洪湖。

目　录

首富之子

汨罗江畔，山川秀美的湖南平江县原浊水乡金窝，有一栋两层砖木结构的老房子。90年前，这里原是一个有上、下、东、西4栋主楼及附屋，共5栋33间房屋，占地面积达5000多平方米的颇为气派的院落，这就是毛简青的家。

毛简青的父亲毛丰山白手起家，先是挑担卖酒，后在县城东街砚池巷口开糟坊，取名"履泰"，一直诚信经营。一次，他发现账房先生自作主张，在酒中掺水，当即拾起砖头，将库房中掺了水的酒缸砸掉，再一笔笔对账，张贴公告，请之前购酒的顾客前来兑换新酒，已喝掉的酒照原价赔偿。此举一时间成了平江城的热门话题。

诚信招来万里客。好几家大酒号闻讯赶来订立合约，店里更是人如潮涌，毛家生意越做越大，置有田地若干、店铺数间、庄园多座，成为金窝首富。但毛丰山身上穿的还是皂白布衫，夫人余彬贞也俭朴勤劳，很少穿绸着缎，一家人吃的仍是粗茶淡饭。父母的言传身教让毛简青养成了勤劳俭朴、诚实正直的秉性。他虽是金窝首富的独子，却丝毫没有纨绔之气。

1904年，毛简青与好友欧阳坦君入碧潭小学就读。这里的课程设置有修身、经学、中国文学、算术、历史、地理、格致（科学常识）、体操等8科，偏重经史国文。毛简青虽年纪较其他同学小，但成绩优异。他的好友、同学欧阳坦君曾回忆说："烈士时年十三，而课文常不后人，成绩优异，人是以奇之。"

一天午休时，毛简青正在教室里写文章。"仁者爱人"刚开了个头，就听得河边传来呼救声："哎哟，压死人了啊！"毛简青赶忙放下笔，向河边奔去。只见浅水中，两个伢崽骑坐在另一个伢崽的背上，一个把他脑袋使劲往水里按，另一个嬉笑着，口里"划呀划"地喊个不停，把他当龙船划。

"住手！"毛简青赶紧冲过去，双手揪住骑在前面的那个伢崽，一把把他拖了下来。另一个见状，抡起拳头猛扑过来，毛简青一个躲闪，那伢崽在水中摔了个四脚朝天。趁着这当口，毛简青赶紧带着被欺负的伢崽往河滩上走。

两个伢崽愣住了，回过神后又一齐追过来。毛简青回身怒喝道："你们还想怎的？"

"我们划龙船，关你什么事！"

"你们再要胡来，我就不客气了。"毛简青握紧拳头，瞪了他们一眼，正准备离开，又担心这两人还会去报复，便折转身说，"听着，今后再不许欺负人，要不我把你们揪到石碧潭里去喂鱼！"

过了几天，毛简青又见着那两个欺负人的伢崽，原来他们也是碧潭小学的学生，不过出身当地富绅之家，平日骄横惯了。毛简青问："都说上学堂是为知书达礼。你俩那天的做法，做到了孔圣人的'仁者爱人'吗？"

"什么仁者爱人？我爱怎么样就怎么样！"为首的那个瞪着眼说。

"那你来读书干什么？"

"治人！"

"治人？"

"就是治人。劳心者治人，劳力者治于人。这不也是孔圣人说的吗？"

毛简青闷闷地思索起来：读书到底为什么？是为了"爱人"，还是为了"治人"？他已经隐约感觉到这个社会的不公，但是还不明白要怎样去解决它。

1906 年，毛简青 15 岁，父亲聘拔贡廖泛青先生为他授课。在廖先生的指点下，毛简青打下了扎实的国学基础，对"仁者爱人"也有了更深一层的认识——"仁者爱人"不但是路见不平拔刀相助，还要让富人帮助穷人，做到人人有吃有穿。这年 5 月，青黄不接，毛简青家里常请的杜裁缝来上工缝衣。闲谈中，毛简青听到杜裁缝感叹自己身子不好，家中又困难，无米为炊，心里很是不忍。趁母亲去了外婆家，他便悄悄打开粮仓，请人给杜裁缝家送去了三担谷子，又写了张"借条"——自己借了自家谷子三担。母亲回来后，他拿出"借条"，对母亲说："娘啊，我借给人家三担稻谷。"

"借给了谁？"母亲问。

"杜裁缝家。"儿子说。

"那好，抵他的工钱！"

"莫喽，他近来有病，气色不好，家中又没多少吃的。"儿子递上条子，"日后我还您还不行吗？"

母亲瞟了一眼"借条"，笑道："行！"又顺手掏出一块银圆，递给儿子，"把这钱送去，给杜裁缝治病。"

"谢谢娘！"毛简青把银圆送到杜裁缝家，又去请了郎中。杜裁缝感激不尽，病好后，送来一只母鸡。母亲准备杀了给儿子吃，儿子却说这鸡下的蛋杜家可以换来油盐钱，说罢又提起鸡，送还给了杜家……

鸿鹄之志

1906年初夏的一天，平江县城的街道上，出现了一个奇怪的人。他身着黑衫，戴副墨镜，脑袋后面没有长辫子，只蓄个平头，大白天的，打着个大灯笼，里面点着蜡烛，灯笼上写着"凌某奉旨驱逐回国"几个字。他踱着方步，不急不缓地在满城男女老少好奇的眼光中，游遍了城里街巷。此举一时间轰动整个县城。这个人便是凌容众。他是平江甲山人，祖父辈都是做茶叶生意的巨商。1904年他官费留学日本，习警政，1905年加入同盟会，后因积极参加中国留学生的革命活动，反对"取缔清国留学生规则"，被驱逐回国。他回到家乡，白天打灯笼，以这种看似癫狂的方式，讽喻天下黑暗，白日也要点灯，同时痛斥清廷的腐败，宣传救国的主张。一时间，满城争说革命党。大多数人同情和支持凌容众，称赞他敢作敢为，也有一些穿绸马褂的人，说他这是犯上作乱，该抓去坐牢杀头。毛简青很是钦佩凌容众的行为，不久，他也剪掉了自己的辫子。父亲发现后大惊失色，生怕独子被当局抓去，先是训斥一通，又急忙找来一顶帽子和一条辫子要给他接好戴上。毛简青不但不听，反而拿起一把剪刀，要剪掉父亲的辫子，闹得父亲哭笑不得。

1907 年，毛简青与欧阳坦君进入平江县立中学求学。同年冬，因闻岳州中学英文教员系湖滨大学毕业的高才生，教学质量高，两人遂一道转学到岳州中学。毛简青决心效法范仲淹"先天下之忧而忧，后天下之乐而乐"，而孜孜不倦、专心读书是实现这一理想追求的最佳路径。他在《立志》一文中写道："人无志不立，学问以先立志为本，志者心立所行也……君子之心，常常不懈，念念不止，谓之立志。志不立，学必无成，故古人有云，有志者，事竟成。"毛简青是这样说的，也是这样做的，他学习刻苦，从不松懈，成绩为全班最优等。而且,在同学中,他也以有胆有识、敢说敢干、思想进步著称,凡反对道台、鼓动学潮等事,总少不了他的份,还经常一马当先,人称"毛大炮"。他十分痛恨帝国主义对中国的侵略,经常大骂清廷腐败无能,立下了改革中国社会的宏愿。

1911 年 10 月,武昌起义胜利的消息传来,毛简青看到了"改造中国、改造社会,臻国民于富强"的曙光,格外振奋。1912 年岳州中学毕业后,他婉拒了欧阳坦君要他去考长沙岳麓高等师范学堂的劝告。"吾志不在此。"他说。他想自费去日本留学,立志"改变中国"。1913 年,他带着妻子吴淑坤,随同几位同学赴日本东京,开始了 9 年异域求学的生涯。

1913 年一个百花盛开、春意融融的日子，毛简青与妻子吴淑坤带着简单的行李，与同学凌炳（凌东林，凌容众侄）、凌霞新等人从平江大码头乘帆船，辗转到达上海。住进客栈后，凌炳邀毛氏夫妇同去逛街。毛简青无心观看大上海的花花世界，找了日租界一家公司，为大伙买到了第三天开往日本神户的海船票。船舱分一、二、三等。一、二等舱是单间，清静优雅，但价钱昂贵。毛简青夫妇买的是三等舱船票。在上海等船的那两天，毛简青哪也没去，埋头自学日文，有次还学习到了凌晨3 点。

海轮驶入茫茫无边的大海，水天相接，

波涛翻滚。同舱有乘客经不起这上上下下的剧烈颠簸，晕头转向，吐得一塌糊涂。毛简青开始还挺得住，不久，一个巨浪打来，随着船身的颠簸，他的身子被甩到床角，登时翻肠倒胃，呕吐不止。吴淑坤一手抓住床边的铁柱子，一手拉着丈夫的手，靠在床沿上……

海船于第三天清晨抵达日本长崎，海关医务人员登船验病。乘客分班站立，先验中国人，再是朝鲜人，最后是日本人。检验完毕后，船开至港口停泊，四周皆山，林木葱茏，海上无数船帆出没波间。毛简青夫妇乘筏子登岸，吃了一顿饭，游览了一下市场，便回到船上。之后海船过下关，经神户，到达横滨，一行人转乘火车。看到横滨市内房屋鳞次栉比，街道人来人往、车水马龙，秩序井然，毛简青平添了几分考察和研究日本社会经济的兴趣。

抵达东京后，凌炳按照叔父凌容众提供的地址，带毛简青等人住进神田区三崎町旅店。这里房间整洁，房租又低，吃的饭菜有中餐也有西餐。

晚上，毛简青看见旅店侍女走到挂在旅馆门口墙上的一只木箱旁，从口袋里掏出一沓纸币，投入箱中。

问起情由，才知那是"军费捐款箱"，旅馆侍女都按月捐出一部分薪水以助军饷。毛简青甚为感叹。次日毛简青又遇一旅日华侨，闲谈中听说日本对在作战中伤亡的军士实行长年有俸、优抚其家属的政策，军人乘车均减其价，因此国人乐于当兵。对比国内"好铁不打钉，好儿不当兵"的说法，想到国内人心涣散，哪能抵御外侮，毛简青不由得感叹："目前中国还是一盘散沙，要富国强兵，必须刻苦学习他国的先进经验，来一番脱胎换骨的改造。"

初到异国，碰到的最棘手的事就是语言不通。虽然毛简青在国内已着手学习日语，但也难运用自如。毛简青和凌炳他们便租了几间房子，首先补习日语，再进修其他功课。

毛简青读书非常用功，每夜总是读书到深夜甚至鸡叫时分。他这样苦读，首先是因为他认为天下兴亡，匹夫有责，"中国民众再不能愚昧无知了，要解脱愚昧的思想绳索，就需多读书。毕业后回国，以知识唤醒民众，共谋民族利益，这才不枉为中华子孙"。其次，他把读书视为天下之至乐。他在《读书乐》一文中写道:"居一室之内,望天下四海,知天下万物之理;居数千年之后,望数千年之前,知社会变革之事……以吾愚人,而得结交圣贤,皆读书之乐也……然世人不好此道,其不幸甚矣。好此道者,可谓得天下之至乐也。"

他不仅自己学习刻苦,也热切地希冀自己的朋友也能尽快学得更多知识,成为有学问修养,对国家民族有用的人才。他自己读书到深夜,第二天天一亮,便一骨碌爬起来,又去叫醒其他同学,一起早读。有同学取笑他是"书呆子",他正色道:"书读得越多人越聪明,哪有读呆的呀?"对自己的妻子,他也是如此。吴淑坤与毛简青同是平江浊水金窝人。凌容众在平江创办启明女校时,毛简青正在县立中学读书,得到消息后,便想送妻子去女校读书,因家中人手少,父母未同意。毛简青便在假期里自编了简易教材,自己教妻子习文识字、做算术,使妻子在较短的时间里,学到了不少知识。后来,他终于说服了父母,让妻子进了当地学校,这才让吴淑坤有了 1913 年与丈夫同赴日本留学的机会。到了日本后,为了让妻子也能一起学习，毛简青也给她购买了补习资料。后来，吴淑坤看到丈夫和凌炳等人每天要为家事耽误很多时间，便主动提出大家的衣服浆洗缝补全由自己承担，剩下时间自己再去补习。

一开始毛简青不同意，说自己要分担一点家务。

"家务事我来吧！"妻子说。

"我也能做一点。"毛简青说。

"我比你在行。"妻子柔声说。

"这倒也是。"毛简青说，"只是，大家应干的活，由你一人承担，你还有什么时间补习功课呢？要不，雇个人吧！"

妻子嗔了毛简青一眼："雇人？那要好多钱哩！你现在买衣服都舍不得花钱买呢，那件和服，冬天填上棉花当棉袍，夏天取出棉花当夹衣穿。别人不是笑话你吗？说你经济学真是学到家了，连穿衣也这么讲经济。"

毛简青笑着说："生活上艰难点有好处，把节省下来的钱买书，不是更有意义吗？"

两人算了算，每月的房租、伙食、购买资料、请人辅导，花费的钱不少，再要雇人，确实有点紧张。毛简青只好决定待考取东京帝国大学预备学校后，再让妻子专心补习功课。吴淑坤也没有辜负丈夫的期望，后考取仙台职业学校。

1915 年，毛简青考上东京帝国大学预备学校——仙台第一高等学校，在第一学部文科攻读。该校对学生要求极为严格，但考取这所学校和东京帝国大学的中国学生，每年可享受政府津贴。从仙台第一高等学校毕业后，他又以优异的成绩考入东京帝国大学经济系，攻读经济学硕士学位。

他学习日文、英文、俄文，广泛涉猎经济、政治等方面书籍，其中包括当时在日本能看到的马克思恩格斯的著作；他还留心留学生中各个派系的言论观点，同同盟会会员及维新派往来密切，有时也同同学一起讨论，阐述自己对社会改革各种问题的看法。生活方面，他对自己十分节俭，但对朋友同学却十分关心。他有公费津贴，就将老家寄来的钱用于资助经济困难的同学，留下不少佳话。

毛简青是个观念非常先进、思想颇为开通的人。

1918年夏，日本东京的街头，经常能看到他和妻子肩并肩走在一起。按照帝国大学的规矩，学生必须剃光头和穿制服。毛简青身着东京帝国大学校服，一身东洋学生打扮，魁梧英俊，而吴淑坤扎着发髻，穿着中式的黑长裙，露出一双小脚……有人看了就说："洋学生配小脚女人，真是奇闻。"对此，毛简青神情自若，泰然处之。他说："这有何奇怪？中国人配中国人，穿中国服装，才是正正经经的中国伴侣。"

毛简青酷爱游泳，常去东京湾泅水。有次，他和凌霞新、凌炳一起去游泳，吴淑坤也去了，见波涛汹涌，一波一波的浪头击打着海滩，不免心中发怵，只在海滩边不自在地走着。毛简青看见妻子这个样子，笑着说："中国的小脚妇女应到东洋的大海中锻炼一下。"话音未落，他一把将妻子拉下水。吴淑坤一声惊呼，翻腾在海浪之中，呛了几口海水。随后毛简青扶着妻子走上沙滩，大声笑着说："这也是中国妇女的一次革命啊！"

东京苦读九载，毛简青成了同学们所推崇的"学有根底"的人物。他用日文写了不少读书笔记。他强调专一,"程子曰,不专不能成事。专一,譬如猫之捕鼠,鸡之孵卵,无他念也";注重勤勉,"怠惰必然导致废学""只有勤勉才能志有所专,学有所成"。

他在《修业之心得》中写道:"就业不可怠,成功不可急……急于成功,则生无聊之念,事则难遂。于业不怠则有趣,有获致成功之望。学问之事,为事业之最,无心得则不可。然学生之常情,初时尚能充分努力,不久便生无聊之忿,其甚者,终至废学……如木匠、泥瓦匠之辈,尚且须下数年之功夫以修其事,否则不能称其职,而况修为人之道,修士大夫为人师表之学问之道,非容易成就之事也。人之精力原本有限,非勤勉无以遂其志……"

从笔记中,我们可以看出毛简青的治学理念和远大抱负。

赏花明志

彼时，平江留学生李六如也正在日本东京明治大学政治经济科攻读。李六如从与凌容众的通信中得知，平江的凌炳、凌霞新及毛简青夫妇都到了日本留学。一日上午，李六如找到他们。虽然是初次见面，一听平江乡音，大家都感到格外亲切。毛简青几人早就听凌容众说过，李六如如何投笔从戎，在湖北新军中从一个普通士兵做起，组织革命团体文学社，又是武昌起义有功之臣，被授予少将衔，并获得文虎勋章，现在居然弃官不做，来扶桑求学，于是对李六如格外尊崇。李六如比他们年龄都大，大家便尊他为兄长。尤其是毛简青，跟李六如一样都是攻读经济学的，特别谈得来。

寒暄之后，凌霞新问道："六如老兄，你找我们有何见教？"

"没什么，"李六如微笑道，"兄弟这次来主要是来看看诸位同乡，顺便邀大家一道去赏樱。"

"赏樱花？那太好了！"凌炳指着毛简青对李六如说，"简青他整天就钻在书本里，都读成近视眼了，亏老兄你想得周到，趁这樱花盛开的季节，都到野外去放松放松。"

毛简青蹙起眉头说："我还有本书没读完哩。"

"什么书？"李六如问。

"日文版的《资本论》。"毛简青低声说。

"哦，你也在读？"李六如兴奋地说，"那本书值得认真读一读。不过，今天休整休整。文武之道，一张一弛嘛。"说罢便催促着众人一道出门。

"稍等，"毛简青回过头说，"内子还在内屋收拾东西，我去叫她。"

一会儿，吴淑坤出来见过李六如，叫声："李先生，您好！"

李六如打量吴淑坤一眼，笑着说："哪来的仙女下凡啊？"

吴淑坤腼腆一笑："李先生真会说笑。"

几人一路谈笑风生，来到郊外。

此时正值 4 月初，满树满枝的樱花，白的、粉的，一朵挨一朵，一层搭一层，密密匝匝，美不胜收。大家在花海中穿行。一阵微风，朵朵樱花悠悠飘落。李六如的头顶上沾满了落英，毛简青的衣领里却落了几只小爬虫。李六如惋惜道："樱花虽美，可惜好花不常开。"

毛简青笑道："还有爬虫也乘机作恶。"

凌霞新一边看着赏花的日本人，一边感叹："好景不常在。想我泱泱中华，如今……"

李六如笑了笑，说道："先要弄清坏事的根子在哪里，然后齐心合力，铲除祸根。一时铲不掉，至少也得先筑起一道防护墙。"

"有道理！"毛简青很是赞同，"要找到祸根，再找出路。出路在于富民强国。咱们来日本，不就是想了解日本致强之由吗？可是谈何容易！"

"心急喝不了热粥，"李六如说，"富民强国之道不是一两天可以想得出来的，也不是短时期可以做到的。或许要唤起民众走教育救国和实业救国之路。"

观过樱花之后，几人约定下次聚会的日期和地点，这才分手。

回到住处，毛简青不顾疲乏，挑灯夜读《资本论》。此刻他还来不及细细咀嚼，然而，这粗粗一读已使他茅塞顿开。他对"资本"的含义有了一种全新的认识，对社会、经济、政治的认识，发生了质的变化。此后，《资本论》就成了他和李六如谈话中必不可少的话题。两人虽然在一些问题上看法不一，但总有一种思想上的默契，从而结成了相互信任、无事不谈的知心朋友。

一日，几人聚会，谈起日本日益富强，而祖国备受蹂躏，想到自己在日求学，正是为了能学有所成，回国后发展实业，臻国民于富强，不由感觉热血沸腾，恨不能立时就回到祖国大展宏图。

凌炳说："我们回去就开工厂，兴实业。"

"我和你们一起搞实业救国去！"在东京帝国大学采矿专业攻读的凌霞新说，"你们办工厂，我就回平江开矿。"

"好，好！"李六如笑着说，"我们都办实业，连开矿的也有了！"他把头转向凌霞新："你把采矿的本领学好了，就先把平江黄金洞的金矿开出来呀！"

几人笑了起来。毛简青一边笑着一边轻轻摇了摇头："光办工厂和开矿还不行，首先要以知识唤醒民众，走教育救国和实业兴国之路。"

"到底是学政治经济学的高才生，"凌炳打趣道，"不偏不倚，双手能抓两条鱼！"

"你不用给我戴高帽子。教育先行，乃古人之明训，搞实业兴国离不了教育开路。"毛简青边说边取下戴着的金边眼镜，用绸布擦了又擦。

"对，"李六如伸出大拇指，"经济是国家之根基，而发展经济关键要有人才，人才靠教育。我辈可以既搞教育又办实业。我回国后，必将在此路上尝试一番。"

时近中午，吴淑坤已为他们做了几个家乡菜，有青椒炒腊肉、红烧茄子、清炖鸡，还有鲜鱼汤。大家吃得津津有味，李六如连声称赞。

吴淑坤笑道："不是我的手艺好，是家乡菜把诸位的胃口吊起来了！"

"是呀，家乡，我昨夜就梦见回到了清水，奶奶给我做红薯粑粑和蒿子粑粑吃哩！"凌炳说。

"还是家乡好。"毛简青说，"毕业后，我们都回湖南去！"

"好！"众人一起击掌为盟。

在日本期间，毛简青无时不在思念自己的祖国和家乡。他在日本刻制了一枚象牙图章，上刻一篆体诗："羌笛一声何处曲，流莺百啭最高枝。深秋帘幕千家雨，落月楼台一笛风。"字里行间透着一股对故乡的深情。

1921 年夏，毛简青以优异的成绩毕业于东京帝国大学，获得经济学硕士学位。毕业典礼结束后，他和妻子连夜收拾行装准备回国，除了几件简单的衣物，最沉的就是几大箱书。房东劝他把书卖掉，说托运费比书还贵，又难弄。毛简青摇头说，托运费再贵也要把书带回去。他们从东京乘火车到长崎，再转乘海轮抵达上海。

上岸后，毛简青夫妇又住进了几年前出国时住过的那个客栈。老板娘一听回国的洋学生讲的还是家乡口音，便同他俩唠叨起家乡的情形，说自己刚从平江回来，受了大惊吓，碰上大兵搜身，把盘缠全都搜去了，还差点丧了命。

毛简青急忙问："那是什么地方的兵？"

老板娘愤愤地说："是湘军叶开鑫的，胡作非为得很。"

"就没人出来管一管？"毛简青问。

"管？管什么？"老板娘鄙夷道，"天下老鸦一般黑！"她关切地看了毛简青和吴淑坤一眼，说："你俩就别回老家了，还是在上海谋个事吧！"

"谢谢您的好心。"毛简青和妻子交换了个眼神，"不过，我俩多年没回家乡了，先回去看看再说。"

毛简青夫妇给父母各买了一顶呢帽子，配了一副银丝眼镜，第二天即出发赶回平江。

家乡已是百孔千疮。城乡被南北军阀洗劫一空，加上久旱不雨，老百姓贫病交加。到家后，两人方知父亲上一年已经过世，幸而母亲还算康健。回到平江后，毛简青料理了一下家事，过了几天，便打算到长沙去找李六如。1918年秋，李六如就先他们几个回国了，听说他谢绝日本驻上海通讯社和长沙官方的高薪聘请，回平江集资开办救民工厂和兴业织布工厂，倡办工农夜校。由于洋布倾销，不久工厂倒闭，实业救国、教育救国的梦想破灭。1920年8月，李六如"山穷水尽"下长沙，到学校教书去了。

毛简青夫妇来到长沙。租房住下后，第二天上午，毛简青夫妇来到新运街十号李六如住处。故人相见，分外高兴。

毛简青开门见山，请李六如帮助在长沙找份教书的差事。李六如想了想说："你认识方维夏吗？"

"早闻其名，但不熟。"

"这样吧，等下看他有空的话，我约他来这里大家聚一聚，商量一下。他是教育会长，熟人多，又热心，我来长沙教书就是他介绍的呢。"

正说着，李六如的妻子钟桓英从街上买菜回来了。李六如介绍后，叮嘱妻子好好做几个家乡菜，给毛简青夫妇接风洗尘，说罢就往外走。

"等等，"毛简青说，"我跟你一道去。"

两人肩并肩一起找方维夏去了。客厅里吴淑坤也闲不住，进厨房和钟桓英边拉家常边帮着切菜做饭。

在省教育会李六如、毛简青见到了方维夏。方维夏中等身高，戴一副眼镜，不胖不瘦，身板笔挺，儒雅不凡。他与毛简青一见如故，问过情况后，答应想办法帮其找一份教书的差事。

时钟已敲了 12 下。李六如拉着方维夏："走，到我家吃顿便饭去！"

他们三人有说有笑，安步当车，往新运街十号走去。

在方维夏的介绍下，毛简青得以在湖南省法政学校讲授经济学。虽然一个月只有百把块钱的薪水，但能为教育尽一分力，能同挚友李六如一起切磋探讨，毛简青还是很高兴。他夜以继日地工作着，疲倦了就洗一个冷水脸，伸伸腰，直至把课备得满意才休息。

然而，百般辛苦，换来的薪水却是一张白纸欠条。开始毛简青还没太在意，以为欠薪总要发的，结果 3 个月过去了，还没有动静。同事们十有七八都饿着肚子。李六如家没米下锅，把他在辛亥革命打仗时用的望远镜也当了。毛简青靠着老家的接济，生活还勉强算过得去。但长此下去也不是个事，他与李六如商议，准备想个法子解决问题。

"索薪！"李六如说，"军政界与教育界薪俸肥瘦悬殊。他们吃得满嘴流油，肥头大耳，我们肚子都饿瘪了。不成，要生存就要吃饭，应该去向政府要饭吃！"

毛简青愤愤不平："作为国之根本的教育却时时有断炊之虞，学校教职员生计之困难，几出人意料。当教员连一碗饭都吃不上，天理难容！"

正说着，方维夏一脚踏了进来。他摆了摆手说："且慢。上个月，在教育会召开了各学校教员代表会，向省政府上过请愿书，可是至今还没一点结果。靠你们几个人去请愿，怕是鸡蛋碰石头。"

"那用毛泽东的办法——联合起来。"李六如想了片刻，摸了摸自己的额头，细细说了毛泽东之前和自己探讨过的事。

早先，李六如就曾在他人的介绍下，在船山学社与何叔衡、毛泽东见过面。那次，他把自己读了毛泽东《民众的大联合》一文后的疑问直接提了出来："中国人多、地广，恐怕不容易联合起来。加上南北军阀势力大，老百姓赤手空拳，恐怕不济事吧？"毛泽东说："那不见得。'众志成城'嘛。俄国十月革命，不是个好榜样吗？我们中国，从鸦片战争、太平天国到辛亥革命都失败了。原因很多，其中一条，就是缺少有正确领导、有严密组织的民众基础。现在工商业衰败、农村经济破产，更是中国人民需要革命的时候。所以从五四运动以来，各界人民都开始有了组织，虽还不够普遍，但比起从前，大有不同啦。"

李六如听后豁然开朗，将毛泽东、何叔衡视为至交，毛、何二人也常来李家串门，无所不谈，亲密无间。

听了李六如的话，毛简青说："那要索薪，就只有发动各个学校的教职员联合起来一齐罢课！"

"正是。"李六如点头。

于是，他们三人和进步教师一道，分头发动。教育系统应者众多。数天后，长沙各校教员一齐罢课索薪。在各方面压力下，当局不得不让步。

毛简青将一沓钞票交给妻子的时候，感慨地说：

"这薪俸来之不易呢，它可是团结斗争的结果。"

"谁告诉你们这么做的呢？"妻子问。

"毛泽东！"丈夫回答。

"你又不认识他。"

"李六如认识！"毛简青兴奋地说，"明天我同六如兄一道去拜访他。"

秘密入党

第二天恰好是星期日，毛简青和李六如早早来到贡院西街，走进船山学社。这是一座用青砖砌的平房，青石门框，门前有一道栅栏，上书"立天地心"，栅栏内有一块地坪，当中是一条用卵石铺的路。房屋有些陈旧，但收拾得很干净，厅里两边贴着些书画。从东头厢房里闻声走出一位40多岁的先生，四方脸，满嘴又黑又密的八字胡，穿一身粗布衣。

"何胡子！"李六如高兴地打着招呼，又指指毛简青，"这是毛先生简青。"

毛简青上前一步，紧握何叔衡的手："叔衡先生，久仰您的大名，幸会幸会！"他对何叔衡早有所闻。这位先生1902年考中秀才，知县让他去管钱粮，他愤于衙门腐朽，甘愿回家种田、教私塾。37岁却报考省立第四师范学校当新生，只因自己"深居穷乡僻壤，风气不开，外事不知"，急盼求新学新知。毛简青对此很是佩服。

"我听六如谈过你，"何叔衡微笑着说，"东京帝国大学的高才生，高校闹索薪的主将，干得很出色呀！"

毛简青谦逊地说："哪里哪里！我是初出茅庐，还望何先生多多指教！"话锋一转，又问，"毛泽东先生外出了吗？"

"他在等你们两位呢。"何叔衡边说边引他俩去到毛泽东的住房前。门是敞开的，毛泽东正在专心看书，见几人来了，忙起身让座，泡茶拿烟。毛泽东见了毛简青这位"家门"（同姓），又听说他是平江人，便亲热地问道："平江的毛家始祖是从哪里迁去的？"

"好像是荥阳那边迁来的。"

"你与润之是家门，长相也有点像。"何叔衡插了一句话，又指着毛泽东对毛简青说，"至于他，记忆力惊人，过目不忘，只除了几件事……"

"什么事？"李六如问。

"自己的事，"何叔衡打趣道，"诸如吃饭、睡觉、穿衣、领薪，乃至自己的性命……"

"那是达到忘我的境界了！"毛简青笑着说，"六如兄给我看过毛先生主编的《湘江评论》，尤其是《民众的大联合》那篇文章，魄力之充足，读来特别痛快，是我回国后读到的最感兴趣、受启发最大的一篇文章。"

"哦，哪些方面你感兴趣呢？"毛泽东吸了一口烟，微笑着问。

毛简青说："据我理解，毛先生提出了革命的根本问题。民众联合的力量最强。人民群众联合起来的力量是世界上最强大的力量。人民群众的发动与否，是决定一切革命胜负成败的关键。先生点出这一点，让我如醍醐灌顶。"

何叔衡笑着说："润之常讲，人民一旦觉醒起来，组织起来，就能冲破一切束缚他们的罗网，战胜一切障碍，从而推翻旧世界，创造新世界。这民众的大联合就是中国革命的一个根本方略呀！"

"大联合要以各种小联合为基础，农夫联合农夫，工人联合工人，学生、女子、小学教师、警察、车夫等都应组成相关的小联合。"毛简青继续说，"毛先生说得极是。天下者我们的天下，国家者我们的国家，社会者我们的社会。我们不干，谁干？所以……"

"所以今天我和简青来，就是想请教，如何进一步发动各校师生与工农群众实现大联合的。"李六如接过话头，挑明了来意。

"这是当前迫切需要解决的一个重大问题。"毛泽东郑重地说，"秀才造反，三年不成，闹学潮要和工农运动相结合。如何结合呢？我看，还是先从办工农夜校，组织工会农会搞起罢。"

几人从国际国内形势的分析，谈到革命者面临的严峻任务，从对无政府主义、空想社会主义的批判，说到如何才能取得中国革命的胜利。一直到天黑，毛简青、李六如二人才告辞。

自从与毛泽东、何叔衡等共产党人接触后，毛简青思想更为开通。他对李六如说："看来我们原先在东京设想的教育救国、实业救国之路行不通啊，只有按润之说的走科学社会主义之路才行得通，就像俄国那样。"

"没错，"李六如眯着眼睛说，"早些年我像盲人骑瞎马似的乱闯，结果碰得头破血流，山穷水尽，只好下长沙。也是毛泽东一番话，使我思想开了窍，后来我又结识了罗迈、夏曦、刘少奇、郭亮诸同志，加入'中学'，不久升入'大学'。"

"什么'中学''大学'？"毛简青很感兴趣。

"'中学'是青年团，'大学'是中国共产党。"李六如解释。

"共产党的纲领章程能给我看看吗？"

"可以，但要保密。"

1921 年，经李六如介绍，毛泽东找毛简青在清水塘谈过话之后，毛简青加入了中国共产党。自此，他与毛泽东、何叔衡等交往更密切了。不是他去拜访毛泽东、何叔衡，就是毛泽东、何叔衡到他的住处荷花池来探望。每次，吴淑坤照例要炒一盘平江的辣椒和腊肉、笋子招待，吃得毛泽东头上直冒汗，连说："不错，好吃！"末了，吴淑坤还要捧出平江自家园子里出产的柑橘给大伙吃。

财神菩萨

在法政学校教书期间，毛简青被湖南省审计院聘为审计员。不久，他的一个留日同学张开连升任省财政厅厅长，特聘他为省财政厅经济股股长。于是毛简青身兼数职，不过他仍坚持教书，借讲台宣讲新经济学说，宣传革命思想。

当时党的活动经费奇缺，毛简青进入省财政厅后，千方百计为党开辟筹措经费的渠道。除了直接利用经济股划拨经费之便，为地下党组织和进步人士所实际掌握的单位和公开团体增拨一些费用外，还绕着弯帮助党组织解决经费困难问题。例如船山学社每月省财政厅给予400元津贴，毛简青除按月及时划拨外，还给何叔衡出主意，让他隔三岔五打报告，以举办学术研究会、修茸校舍等名义，追加了好几笔经费。一天，毛泽东伸出大拇指称赞毛简青说："你这个'财神菩萨'有照应呢，帮助解决了燃眉之急呀！"

"哪里，一点点经费而已，不能解决大问题。"毛简青说。

"可以了，聚少成多，何况你这样长年累月哪！"

毛简青在省审计院、省财政厅工作及在法政学校兼课的收入每月约 300 元，除以 20 元留作自家生活费外，其余的他都按月交给党组织作党费。当时他家来往客人多，开支较大，每月维持不下去，妻子便去给人家洗衣服、做缝纫来帮衬。平江老家自父亲去世后，"履泰"关闭，兵荒马乱，加上天灾，还有老母亲需要赡养，其实日子过得不是很充裕。尽管如此，毛简青依旧把自己的大部分薪水交作党费，遇到组织上有急用，还从平江老家拿钱，无偿交给党组织。这些他都瞒着不向任何人说，乃至李六如、毛泽东还以为，这些都是他当"财神爷"另外弄的呢。

在湖南省审计院工作时，适逢院内参与制订公职人员的薪金方案。不少人趁"近水楼台先得月"之机，大幅度提高本院公职人员的薪金。对此毛简青坚决反对。他来到院长办公室，对院长说："正人先正己，怎能趁机大幅度增加自己的薪水呢？"

院长问："你就不愿多拿点薪水？"

毛简青说："君子爱财，取之有道。我们不能利用职务之便捞取个人私利，这样何以去审计他人？"

院长接受了毛简青的建议，将本院职员的薪金定在与其他相应机关同等水平上，审计院的工作也做得比较清正。这正是毛简青按照党的指示，利用公开身份之便，进行合法斗争的一种尝试。

一日，几人聚会间，毛泽东把头转向李六如："最近我去了安源一趟，那里的工人夜校已办起来了，上夜校的工人有好几百人，校址有7所，只是缺乏合适的教材，全靠李立三等人临时选编。你可否去那里调查一下，收集一些材料，编一套平民读物？"

"好。"李六如满口答应，望了毛简青一眼，对毛泽东说，"简青兄知识渊博，编书少不了他的帮助啊！"

"三个帮帮两个衬衬，这书定能编好。"毛泽东说，

"不过不能编得太深奥，要通俗易懂，切合实际，重在灌输常识，启发思想。"

于是，在繁忙的工作之余，毛简青还挤出时间，帮助李六如查阅资料，商讨《平民读本》的提纲，字斟句酌地修改、补充。稿本出来后，他又帮着筹措出版经费，协助发行。不到一年，发行4版，销了几万册。

他还和李六如在平江办文化书社，发展党的组织。1922年8月，毛简青回了一趟老家，遇上同在日本东京留学的好友凌炳。了解到凌炳也有迫切改造社会的愿望后，便约他到金窝自己家中，郑重告之长沙已有共产党的组织，又介绍他去长沙找党的关系。凌炳到长沙后，经过实际斗争的考验，加入了中国共产党，之后担任湖南省农民协会常务委员。

这段时期，因为毛简青与李六如、方维夏、毛泽东、何叔衡等同志往来甚多，以至于荷花池的房东误把他当毛泽东，曾劝他另迁住所。他笑着解释说："吾非润之，乃润之之友耳。"彼时欧阳坦君在座，二人拊掌而笑。

1923年毛泽东调中央工作，李维汉接替毛泽东任中共湘区委员会书记。毛简青经常和李维汉商量工作，继续利用在省财政厅工作之便，设法筹集经费，像支持毛泽东那样支持着接替毛泽东在湘区工作的李维汉。

投身工运

1922 年，湖南全省遭遇水灾，粮荒严重，物价暴涨，长沙泥木工人微薄的工资已难维持生计。5 月，任树德等人提出了要求政府提高工价的主张。当时长沙泥木工人行会设在鲁班庙里。工人们一开始试图请行会来说服地方行政官批准增加工资，但行会负责人收取了大家捐赠的谈判资金后却没了下文。彻底失望之后，毛泽东、任树德、易礼容等逐渐团结了一批泥木工人，进行"抱团"宣传。毛简青作为中共湘区执行委员会直接管辖下的党员之一，也参加了协助毛泽东、易礼容发动泥木工人组织工会，建立基层组织"十人团"的活动。

工会当时缺乏活动经费，毛简青带头捐资。他还在报纸上发表文章，支持泥木工人的合理要求。经过两三个月的思想发动，到1922年9月，已经组织起108个团，会员1000多人，成立了泥木工会筹备会。

这日，夫妻二人在家中吃饭。毛简青回想起这段日子以来的工作，对妻子感叹："那些泥匠、瓦匠、木匠，都是各干各的手艺人，大家虽然有共同的斗争要求，但很难集中统一起来。润之要我们首先联合党员和积极分子，再通过他们广泛地接触群众，了解工人的疾苦和愿望。在此基础上，由积极分子分头在工人中组织最基层的组织'十人团'，把分散的匠人们聚成十个一团的小集体，有一个积极分子就可以集中十个工人。到如今大约三个月了，已经组织起100多个这样的'十人团'，联合了一千多名工人。"

"这么多人？"

"是的。散沙已成团。大家都联合起来了。过几日，泥木工会就会成立。越来越多的人团结，心合在一起，就会有无穷的力量。"

泥木工会成立后，工人们有了党的领导和自己的组织，斗争的声势一天天壮大起来。他们一方面进一步巩固工会组织，一方面在长沙城内散发"一定要改工资为银圆三角四分"的传单，扩大社会活动，制造舆论。

10月23日上午，6000多名泥木工人在教育会坪集合，冒雨向长沙县署进发，毛简青和毛泽东也走在工人队伍中间。易礼容、任树德等16名代表分两批进县署，与县知事周瀛干交涉很久，没有结果。

毛泽东站到坪中的大圆花坛上，大声说："周瀛干又在耍阴谋，想把我们内外隔绝。等一会再没消息，我们大家就一起进去找周瀛干讲理。"说完，便领着工人喊口号："硬要三角四分，不达目的不上工！""不达目的不出衙门！"

下午5时，赵恒惕派来一个连的军队包围工人，毛简青鼓动工人坚持斗争到半夜。直到省政务厅厅长承诺24日下午召集公团协商会议，请工会代表参加，商讨解决办法，工人们才整队离开。24日上午，毛泽东和几名工人代表来到省政务厅，为争取泥木工人增加工资与营业自由权，同政务厅进行谈判，与此同时，全体工人又到教育会坪开会，声称如公团协商会议仍无结果，即向省署请愿。在群众的强大声威震慑下，赵恒惕政府不得不同意工人们的要求。

坚持了近20天的罢工斗争终于获得了胜利。这是长沙工人有史以来获得的第一次罢工大胜利，进一步奠定了湖南工人运动迅速发展的基础。

毛简青深深为毛泽东发动和依靠工人大众进行斗争的思想所折服。"润之虽是教员出身，但他不事空谈，为着工人大众的利益，不顾个人安危挺身而出。"他对妻子说，"润之点燃了六千泥木工人罢工斗争的冲天大火，就像1868年马克思组织日内瓦泥木建筑工人大罢工一样。他将来必成大事，中国大有希望。"

执教黄埔

　　1924年初夏，毛简青受党组织派遣，来到中国国民党陆军军官学校（即后来的黄埔军校）任政治教官。临行前，毛简青还受何叔衡的委托，协助湖南地方党组织在各地选拔优秀学生去军校应考，并与党组织一道，在很短的时间里从湖南选拔了197名考生入军校学习。

　　1924年6月16日，军校操坪里，锣鼓咚咚，号声震破长空。师生正举行开学典礼。毛简青和大家一起聆听孙中山发表演说："中国革命已经十三年，现在得到的结果，徒有民国之年号，没有民国之事实……今天在这地方开这个军官学校，独一无二的希望，就是创造革命军，来挽救中国的危亡！"

"创造革命军，来挽救中国的危亡！"听到这里，毛简青心里为之一震，他开始思索自己今后在教学中如何做好政治教育工作，如何培养不怕牺牲、为国为民的革命中坚。

作为共产党员，毛简青积极支持孙中山的革命计划，同时利用政治教育的便利，培养学生的国民革命意识，扩大党的影响。课堂上，他和同学们说起苏俄政府资助 200 万元现款作为学校开办经费，派遣一批军事干部来担任军事教官，并运来 8000 支步枪和 500 万发子弹等，向学生灌输"联俄、联共、扶助农工"政策；课后，还利用自己懂俄文的特长，与应邀到军校工作的苏联顾问组长契列帕诺夫多次交流，听取他们的意见，改进教学方法。

1924 年 11 月，时任中共广东区委委员长、宣传部部长的周恩来，兼任黄埔军校政治部主任和政治教官。当时军校有中共党员和青年团员五六十人。学校秘密成立了共产党支部，由周恩来代表中共广东区委直接领导。毛简青先是与周恩来一道教经济学，旋即在周恩来的直接领导下开展工作。他们经常探讨如何加强学生的政治教育，共商培训革命军之大计。

周恩来任政治部主任后，在学校建立起政治部的正常工作秩序和工作制度，增加了政治教育的分量，丰富了政治教育的内容，学校每周组织一两次对学生的政治讲演，举行政治讨论和政治问答活动。一时间，军校师生中形成了研读政治书刊，注意社会潮流的活跃氛围。毛简青倾尽全力，积极协助配合周恩来做政治教育工作。

一天，毛简青在去给学生讲课的途中，遇见了周恩来。"早，周主任！"毛简青向周恩来问好。

"你更早呀，住得比我远。"周恩来微笑道，"今天讲的什么课呢？"

"《资本论》。"毛简青回答。

"哦，那可要深入讲一讲，要把学生引导到为什么要革命，要革命就要走俄国十月革命之路上。"

他俩边说边走。经过蒋介石办公室门前时，周恩来对毛简青说："校长他还主持编写《曾左治军语录》，在军校大搞曾国藩、左宗棠治兵的做法，怎么能把学生训练成真正革命的军事干部呢？今后我们必须努力改变这种状况，真正在军校推行列宁创造红军的经验。"

毛简青点头称是："是的，方向要把握好。可现在咱们力量还是比较薄弱，这里感觉斗争也很复杂。"

"要坚持。"周恩来充满信心地说，"冰冻三尺，非一日之寒，要有组织、有策略，顽强坚持，我们一齐破冰前进吧！"

此后，在课堂上，毛简青更加注重革命思想的灌输。他从马克思的《资本论》，引到十月革命的爆发，进而讲到中国革命该向何处去、军校同学应如何做……也时常运用马克思科学社会主义的经济学原理，结合中国社会实际和世界各国经济状况，揭示资本主义经济的种种不可调和的矛盾，进而分析中国殖民地半殖民地性质的社会经济特点，明确指出以推翻帝国主义和北洋军阀在中国的统治为目标的革命是一场民族、民主的大革命。他的这些观点、主张，引起了学生的极大兴趣。

当时，英美帝国主义指示香港当局一面以金钱援助粤军反动头子陈炯明进攻广州，一面以枪械援助英汇丰银行广州分行买办陈廉伯，武装商团，企图推翻广州革命政府。国民党里边的不少右派分子也乘机活动起来。

一天上午，毛简青乘船过江来到广州市区，突然，耳边传来阵阵号音和脚步声。他抬眼望去，只见乌泱泱的一大帮人，排成4行，扛着锃亮的一色新长枪，着崭新的黄军服、蓝绑腿，耀武扬威地在马路上操练。看上去有几千人。

这就是商团武装。里面很多人是收买来的店员、徒弟，还有些老板。背后的支持者便是洋行买办陈廉伯和商会那些资本家。他们同陈炯明、吴佩孚都有联系，是目前广东革命的心腹之患。毛简青眉头紧皱，回到学校，向周恩来做了汇报。周恩来告诉他，孙中山对平定商团已下定了决心，并发出了手令，黄埔军校师生将投入平定商团的战斗。

15日，黄埔军校学生与桂、湘、豫、粤等各军分路包围西关，勒令商团缴械。平定商团的战斗打响了。毛简青和军校学生军一样，全副武装，奋勇冲锋。

商团里边的那些"少爷兵"不堪一击，战斗持续了一两个钟头就结束了。毛简青经受了第一次实战的洗礼，异常兴奋。

不久，陈炯明在北洋军阀支持下，自称粤军总司令，准备进犯广州。广东革命政府发表了《东征宣言》。毛简青在学生中广为宣传，积极做好东征战斗的准备。军校成立了教导团第一团和第二团，连以下军官由刚毕业的第一期学生充当，士兵是新招募来的；第二期学生编为学生总队，随军行动。毛简青作为政治教官，亦随学生总队出征。他忙里忙外，既要做学生的思想政治工作，鼓动未经战事的新兵和入校不久的第二期学生奋勇杀敌，又要以身作则，实地参加战斗。

由于训练时间短，仓促上阵，一开始学生总队不为人看重。面对部分学生不自信、不敢相信能取胜的想法，毛简青鼓励说："这算是我们革命军第一次对敌，第一次为主义而奋斗，可能我们自己也没有十分把握。但事实是最好的见证，我们革命军人懂得为主义而战，为捍卫新生的革命政权而战，我们舍生忘死，就能无往而不胜。"在队伍行进时，毛简青带领将士们高唱《国民革命歌》《杀贼歌》《爱民歌》等，全队士气高涨。

东征的结果，大大出乎人们意料。革命军以破竹之势，克淡水，下平山，连克海丰、潮安、汕头，并在棉湖战斗中击溃陈炯明劲旅林虎部主力。从此，黄埔军英勇善战的威名远播。接着，革命军先后攻克五华、兴宁。陈炯明残部退入江西、福建境内。驻守惠州的杨坤如部向广州革命政府投诚，同意接受改编。4月，第一次东征胜利结束。

毛简青高兴异常。他买了一瓶酒，请周恩来到家中开怀畅饮。席间，周恩来和毛简青共同探讨，这次东征黄埔军之所以能够出人意料地屡摧强敌，建立战功，一个重要的原因就是政治工作做得好。在各团、营、连，不少共产党人负责做行军和作战时的政治工作，才能严明纪律，鼓舞士气，最终得到民众的帮助。

"用革命精神武装起来的队伍是所向无敌的。"毛简青深有感触地说。

"对！这就是我们共产党人的法宝之一。"周恩来说。

梧州办学

　　自国民党一大会议正式确立"联俄、联共、扶助农工"三大政策，实现国共第一次合作后，利用这个时机，中国共产党加速在各地传播马列主义，创建党组织。广西梧州交通便利，上可通南柳桂，下可达粤港澳，又靠近当时的全国革命中心广州，得革命风气之先。1925 年，负责领导广东、广西地区革命工作的中共广东区委决定派中共党员到梧州开展工作，在梧州建立中共党组织，然后向广西其他地区发展。

　　5 月的一天，接替周恩来的中共广东区委书记陈延年邀请毛简青到自己办公室来谈话。毛简青走进位于广州文明路和文德路之间的粤区委员会办公室。屋内有一张没有油漆过的四方凳子、一把旧藤椅、一个堆满书报的大书架，靠窗户边的那张办公桌油漆早已脱落。一张木板床上，铺着草席和补了一大块粗布的蓝单被，比乡下穷人的铺盖好不了多少。这就是陈延年的办公室兼卧室。

陈延年正在埋头办公。这位简朴的区委书记一身带补丁的旧粗布装，粗胳膊，大巴掌，像个勤劳的工人。

打过招呼后，陈延年笑眯眯地对毛简青说："恩来同志谈过你的情况，说你留日9年，学识渊博，革命性和事业心都很强，是我们党内一位难得的好同志。"

"比起恩来同志和您，我还差得远。"毛简青回答道。

"你在黄埔的工作做得很好，而且没有暴露政治身份。为开辟广西党的工作，区委决定派你去梧州。"陈延年说，"不过，这只是一方面。你的公开身份是中国国民党中央宣传部介绍到梧州中国国民党广西省立宣传员养成所的教员。"

"国民党中央宣传部？"毛简青有点惊讶，"我的调动还经过了国民党中央宣传部代理部长毛泽东同志？"

"是的，"陈延年说，"此事缘起于国民党广西省党部执行委员黄绍竑向国民党中宣部要教员，是毛泽东代部长亲自推荐了你。你有什么困难吗？"

"困难是有的，"毛简青笑了笑，"不过，什么困难都能克服。"

陈延年也笑道："是的。困难是弹簧，你强它就弱，你弱它就强。我们共产党人好比种子，种到哪里，哪里就开花。你可是我们区委最好的种子，定能在广西开花结果哩！"

"谢谢组织的信任，我定尽力而为。"

回到黄埔军校，办好调动手续，毛简青便携妻子吴淑坤，带着一点简单的行李，前往广西梧州。

梧州素以广西"水上门户"著称，地处西江与内江汇合处。当时，广西的主要运输全靠西江，梧州于是成为广西最大的商埠，又是粤桂政治军事重镇。乍到梧州，便见漫山遍野的棕榈树、美人蕉，绿意盎然。然而，走进市区之后，即见街头乞丐成群、饥民遍地，街道年久失修；新建的英国在梧州的领事馆、海关大楼和教堂，却高高耸立，十分气派。

得知英国海关耀武扬威，竟无理封锁梧州，不准中国船进入自己国家的领土，毛简青对妻子吴淑坤感叹："真是岂有此理！在中国的土地上，竟不让中国人的船只进入自己的梧州，公理何在？！"

夫妻二人来到兴仁巷。毛简青租下一栋砖木结构的三层小楼。不久，区委又派谭寿林来一同工作。就在这栋小楼里，毛简青和谭寿林等人开始殚精竭虑，开展广西党的工作。

物色和培养党的骨干，发展地下党员，建立党的基层组织，这是毛简青在梧州的主要任务，也是他夜以继日工作的重心。他以广西省立宣传员养成所讲师的身份，在课堂上公开讲授孙中山的"联俄、联共、扶助农工"三大政策和科学社会主义的原理，阐明目前的任务是反对帝国主义和封建军阀势力。他逐一考察养成所的青年学员，以个别辅导为名，找学员个别谈话，灌输共产党的理念，启发他们的政治觉悟。

在讲台之外，毛简青深入工农群众之中，了解民情，宣讲革命道理，开办平民夜校，还按广西风情编写简要读本。

其间，毛简青特别注意先期发展共青团员，建立共青团支部。经过一段时间的考察培养，他先后吸收了钟云、陈漫远、李素秋等 13 名进步青年入团。1925 年 9 月，中国共产主义青年团梧州市支部正式成立。之后，又在这个支部的基础上成立了梧州市团委，由龙启炎任市团委书记。

在此基础上，毛简青、谭寿林等积极开展建党活动，不久即吸收龙启炎等一批优秀的共青团员入党。毛简青介绍的养成所学员陈洪涛入党后，回右江组织农民运动，建立工农义勇军，为以后邓小平发动百色起义打下了群众基础。

1925 年 10 月，在毛简青等人的努力下，建立了中共广西的第一个基层组织——中共梧州市支部，代号"伍竹枝"，支部设在梧州民国日报社内，支部书记由龙启炎担任。

这天，在梧州市大同酒店楼上的一间小房里，气氛特别热烈。中共广东区委常委兼军事部长（1925 年 2 月改任）周恩来亲自主持了在这里召开的梧州市党团核心分子会议。会上，毛简青向周恩来汇报了前段工作情况，得到周恩来的肯定。周恩来又指示说，为适应革命形势发展的需要，应尽快扩大党组织，成立党的地方委员会，领导广西各地党的工作。

中共梧州支部成立初期成员仅6人（毛简青的组织关系不在梧州），遵照周恩来的工作布置，经过毛简青与谭寿林等党员骨干的共同努力，到12月，梧州已成立梧州民国日报社支部、市党部支部等几个中共支部，党员增加到20多人。中共广东区委决定在梧州成立中共梧州地方执行委员会，代号"伍祝迪"，谭寿林任地委书记，毛简青任宣传委员，组织委员为龙启炎。

地委机关设在何处为宜？毛简青主动提出，他可以腾出自己的部分住房，机关可设在他住处的楼上。

经过商议后，大家一致赞同，都认为这样便于隐蔽机关。虽然毛简青的住房并不宽敞，但由于他是学者，声望高，受到国民党广西省上层人物的敬重，大家都叫他毛先生，当时的反动分子还没有怀疑他是共产党员，这就可以比较安全地掩护党的活动。

地委机关虽然设备比较简陋,但仍设有接待室(一楼毛简青夫妇住房的一侧,对外为毛简青夫妇的起居室)、办公室、会议室等。三楼会议室外有一小阳台,站在阳台上远望,梧州全景尽收眼底。为了掩人耳目,房屋周围用篱笆遮拦,既通风透光,外面又不易看到阳台和室内的情况。召开机密会议时,有一人在阳台上巡视,可随时掌握外面的动向。

作为梧州地委宣传委员的毛简青,虽然资历深,地位、身份都比年轻的书记谭寿林高,党龄也长,但他对谭寿林却非常尊重。二人工作配合默契。很多事需要与广西省或梧州市国民党头面人物打交道,谭寿林不便出面,毛简青就亲自出马,巧作周旋。

广西国民党头面人物李宗仁、黄绍竑等人,对毛简青总要礼让几分。凭着这一有利条件,不少棘手的事迎刃而解。当时改组国民党梧州市党部,斗争极为复杂,各派政治势力都抢先安插自己的亲信,借以掌握权力,扩充自己的势力。由于毛简青等善于做党的统一战线工作,与国民党广西省上层人物关系密切,通过多方疏通,结果在梧州市国民党党部的改组时,新选的 7 名委员中，共产党员就占了 5 名。当然，这些共产党员在当时都隐蔽了自己的真实身份，是以各方面代表身份进入国民党梧州市党部机关的。

梧州地委不但领导了梧州地区的革命斗争，使之蓬勃发展，而且陆续派骨干前往南宁、桂林、柳州、桂平等地建立党团组织，把革命火种洒向八桂大地。广西的革命运动在党的领导下星火燎原般地开展起来。毛简青成为广西党组织创始人之一，他的名字也随同他在广西梧州的建党实践而被载入广西党建史册。

笔枪纸弹

善于舆论先行，运用报纸推动党的方针政策的宣传贯彻，是毛简青在梧州活动成果的又一重点。

国民党广西省党部执行委员兼组织部部长、宣传部部长黄绍竑是广西实力派人物，在他看来，毛简青是留日的东京帝国大学经济系硕士，地地道道的学者，又是国民党中央宣传部派来的。所以毛简青去梧州后，黄绍竑非常器重，曾多次到养成所看望这位文质彬彬的学者。毛简青的儿子毛荫生出生的时候，他和李宗仁还送了一份重礼，礼品是 3000 毫洋（相当于 2100 块银圆）。毛简青接着这礼就像攥着一把炭火，非常烫手，略一踌躇，也就收下了。不收恐引起对方的怀疑，收了可为党的活动增添一笔经费，当时党的活动经费太匮乏了，这笔钱可解燃眉之急。

国民党梧州市党部原来创办有《梧州民国日报》，针砭时弊，经常揭露英帝国主义在梧州进行经济、文化侵略的罪行，但因反动分子破坏，一度停刊。

这天，当黄绍竑问毛简青对广西党部的宣传工作有何建议时，毛简青说："梧州地位十分重要，满清政府时被英国强迫辟为'通商口岸'，设有英领事馆、海关及教堂，控制着梧州的经济和文化命脉，民族矛盾极其尖锐。不如加强《梧州民国日报》的工作，揭露英帝国主义分子在梧州进行的经济、文化侵略行径，使《梧州民国日报》成为唤起群众，壮大革命力量，铲除列强和反动势力的宣传阵地。"

这番话正中黄绍竑大造舆论下怀。他点头赞许道："这个建议很好，我赞成。您多给报社写些文章吧！"

毛简青等人便着手复刊《梧州民国日报》，让它以崭新的风貌出现在广大读者面前。除了和报社同仁如谭寿林等商讨办报宗旨、内容及版面编排等事务，毛简青还经常撰写文章。他的文章针对性强，生动活泼，尖锐泼辣，文章署名用的是笔名。曾在梧州二中教过书的地下党员周济老人回忆说："毛简青在养成所主要教政治经济学。我同他在梧州民国日报社开过会，他那个人非常和气。他在养成所教学，任务重，但仍和谭寿林一道办报，他写了不少好文章，生动泼辣，战斗力强。"

震惊中外的"五卅惨案"及广州"沙基惨案"发生期间，毛简青等以《梧州民国日报》为阵地，及时报道消息，并激励群众勇敢地进行反帝斗争。"五卅惨案"发生后，《梧州民国日报》以通栏大标题，向全梧州人民提出了七项紧急呼吁：一、从速筹款汇沪，接济受难同胞；二、设法使本市受雇于外人之工友，一律离职，并设法收容；三、请教会学校学生离校，由教育界收容；四、请各校学生每星期天离校和每晚出发演讲；五、诸各商界停止购买英、日货；六、禁用英国纸币和银币；七、各机关成员抽薪一成，接济受难同胞。6月23日，广州发生"沙基惨案"。消息传来，《梧州民国日报》又以"十万

火急！万急！万万急！"的特号大标题，报道了"沙
基惨案"的经过，愤怒声讨制造惨案的罪魁祸首，
动员全梧州人民紧急行动起来，投身汹涌澎湃的反
帝爱国斗争。

在毛简青等人的努力下，《梧州民国日报》成了
共产党指导群众运动的舆论阵地、宣传群众组织群众
的桥梁，不仅在梧州，而且在广西、广东乃至全国都
产生了较大的影响。

作为广西宣传员养成所的讲师，毛简青不仅和谭寿林一起，在讲台上宣讲俄国十月革命的成功经验，引导学员学习马克思列宁对共产主义的论述，批判各种反动思潮，还合力创办《火线》半月刊，对养成所的进步青年们进行教育。

毛简青在《火线》上发表了不少文章。他针对一些人对阶级斗争的疑虑，发表了《要实行民生主义何以要阶级争斗》的文章，论述了只有阶级争斗，才能平均地权和节制资本，指出"阶级争斗是中国革命的唯一出途"。他经常展开生动活泼的思想教育和个别谈心，并从广州秘密运来许多进步刊物，如《中国青年》《政治周报》

《向导》和《中国农民》等，引导进步青年学习，投身火热的工农运动。

1926年2月，毛简青、谭寿林任教的养成所考送黄埔军校学生63名。同年3月，毛泽东在广州主办第六届农民运动讲习所时，要在广西招收40名学员。接到通知后，毛简青在养成所学员中选拔，挑选了30名送去。这些学员经过农讲所的学习，之后成为广西工农运动的骨干。

毛简青讲究斗争艺术，开展合法斗争。他通过由中共地下党员实际掌握的国民党梧州市党部，建立健全梧州工会、商会及学生、妇女等团体，并将其拧成一股强有力的反帝反封建反军阀的战斗力量。1926年2月省港大罢工爆发后，梧州市工、商、学、妇女等各界团体立即响应，各界共同组织了援助罢工工人的募捐队，挨户收集钱米，源源不断地供应从香港罢工过来的工人。全市还开展了没收仇货和拍卖仇货的斗争，召开了有数万人参加的示威大会，组成了战斗力很强的没收仇货队伍，揭露英帝国主义分子在梧州进行经济文化侵略的罪行。在强大的群众运动面前，英帝国主义分子不得不夹起尾巴逃走了。《梧州民国日报》还每天刊登拍卖仇货的消息，仅两个月时间，拍卖收入就有 5500 多元，全部汇出，作为支援省港罢工斗争的经费。

发生在广州和香港的省港大罢工，使英国霸占下的香港变成"臭港""死港"。这次大罢工，是五卅运动的重要组成部分，也是中国工人运动史上前所未有的壮举，对大革命高潮的形成起了重要推动作用。毛简青和梧州地委一班人组织领导梧州人民对省港大罢工的全力支援，为夺取罢工的胜利做出了很大贡献。

1926 年 1 月 21 日，中共梧州地委在梧州组织并召开纪念列宁逝世两周年大会。会议的实际组织者、地委宣传部部长毛简青为此进行了精心部署。此次大会有数百名群众参加。会后又举行了示威游行，成功地宣传了俄国十月革命的经验，介绍了列宁的生平和功绩，在全市民众中引起较大反响。1 月 24 日至 2 月 1 日，在广西省立二中理化教室举办"列宁纪念周演讲会"和"梧州各界群众纪念列宁逝世两周年大会演讲会"，毛简青和谭寿林、龙启炎等相继到会演讲，

《梧州民国日报》还连载了谭寿林演讲的《苏联革命成功的要点》全文。这是梧州第一次全面地、系统地宣传马列主义的活动，从理论上武装了工农骨干和梧州的人民。

在深入进行宣传发动的基础上，毛简青和谭寿林等共产党人因势利导，组织工人、市民、学生举行罢工、罢市、罢课斗争。其时，被国民党右派把持的苍梧县党部一意孤行，疯狂破坏正在蓬勃兴起的工农运动。梧州官商"仁生行"老板勾结军警，以"莫须有"的罪名枪杀了3名内河轮船工会会员，制造了"三工人惨案"。闻讯后，中共梧州地委召开紧急会议，决定马上组织罢工、罢市、罢课进行反击，提出三条要求：一、将肇事者第六旅部副官刘善鸣撤差，发赴前方效力；二、对被枪杀的工人，其家属每人抚恤1000元；三、再由军部调令各部，此后对于农工要切实保护。

一场声势浩大的罢工、罢市、罢课斗争在梧州全市展开，势不可当。上海、北京、天津、广州、香港等地的工团和总工会也纷纷声援，斗争终于取得胜利。在这场斗争中，毛简青没有公开露面，而是策划、幕后指挥的"军师"。他起草的罢工宣言和通电，措辞尖锐，理由充分，使反动当局"瞠目结舌"，不得不在群众强大威力和社会舆论的一致谴责下，惩办肇事者，抚恤受难者家属，并行文保护农工。

1926年春，黄埔军校南宁分校成立，毛简青担任该校政治课程教官。该校干部和教员中有不少是军阀分子，但由于当时革命浪潮的勃兴，校内干部也有不少革命人士，毛简青是其中的突出代表。

在复杂的斗争环境中，毛简青千方百计地团结争取持中立态度的教职员和学员，孤立和打击反动派。他联系从广州方面派至南宁开展革命活动的人士，开设多家书店，介绍革命图书；发动进步青年，组织学术研究小组，每天黄昏以后、晚自习之前，操场上便有两三人为一组的，以"乘凉"为名的学术研究小会，讨论《共产党宣言》《哲学的贫困》《哥达纲领批判》等书中所提出的问题。也有比较进步的学生，根据马列主义的观点，批判胡适、吴稚晖、戴季陶等人著作中的反动观点。

校政治部主任胡章民等把持校党部及政治部，布置特务网，一面监视校内进步职员及学生的革命活动，一面散布反动言论，以对抗校内萌芽的革命思想。对此，毛简青非常警惕。他和进步师生一道，针对反动言论进行反驳。反动分子把国民革命说成是古已有之的，把革命看成是争权夺利、改朝换代，说什么"不革命也能生存""革命是痛苦的事，要大家流血，不如改良"。毛简青在讲政治课时，公开点出这种论调的错误，大声疾呼："不革命，人民大众就不能生存！""不进行国民革命，不打倒军阀，你们能安安稳稳坐在这里学习吗？""要革命就要付出代价，要流血牺牲，但这是为了整个国家的昌盛，为了中华民族的富强和人民的幸福，是非常值得的，不流血，搞改良，能把清王朝推翻吗？不北伐，不打仗，能把北洋军阀打倒吗？能把帝国主义列强赶出中国吗？"毛简青慷慨陈词，大大激发了热血青年的革命志气。军校中正气压倒了邪气。当国民革命军在北伐战斗中大批减员时，南宁分校学员纷纷请缨北上。

　　1927 年春，按照党组织的决定，毛简青带着家人回到湖南长沙，任国民党中央军事政治学校第三分校政治教官兼国民党湖南省党校的政治教官。国民党湖南省党校"皮绿瓤儿红"，是李达与谢觉哉、夏曦、郭亮等共产党员筹办的，几人都在该校任教。谢觉哉的公开身份是国民党湖南省党校代理校长。在这里，毛简青与谢觉哉、李达、郭亮等有了更多的接触。

　　4 月 12 日，蒋介石在上海发动反革命政变，大肆屠杀共产党员、国民党左派及革命群众。很快，毛简青知道了 4 月 13 日上海宝山路惨案的消息——游行民众，全系徒手，百余人当场被害，伤者不可胜数。其时宝山路上，尸积如山……毛简青激愤异常。他对谢觉哉说："校长，蒋介石在闸北之屠杀惨剧，实在让人痛心！"

谢觉哉说："蒋介石反共蓄谋已久，从'中山舰事件'，到所谓'整理党务决议案'，他勾结帝国主义列强，靠江浙财阀给予资金支持，立场已转到大地主大资产阶级方面，发动反革命政变是必然的事情。"

"要揭露声讨蒋介石的罪行，发动工农大众，团结各阶层群众，齐心合力把他打倒！"毛简青坚定地说。

"当然。"谢觉哉望着毛简青，"简青，你一来长沙，我就觉得我们的力量更大了，我想今晚和支部几个同志到你家祝贺一番。"

毛简青领会了谢觉哉的意思，这是为避外人耳目，以欢迎他为名，开个支部秘密碰头会。

这晚在毛简青家召开的秘密会议，郭亮、夏曦、凌炳等共产党员都参加了。会上，大家简要分析了当前的严峻形势，决定组织起来，声讨蒋介石，同时密切关注湖南形势，做好应付突然事变的准备。毛简青以政治教官的身份，于第二天向党校学员做了上海"四一二"血案的演讲，揭露蒋介石屠杀民众的罪行，号召学员们团结起来，为"推翻新军阀""打倒军事专政"而奋斗。

4月14日，毛简青率党校学员参加了在长沙举行的声讨蒋介石和铲除反动分子大会，到会者10万余人。4月26日，毛简青带领党校学员又一次参加了反帝讨蒋示威大会。他们沿途高呼口号，散发传单。毛简青向学员宣读宋庆龄、毛泽东等联名发表的《讨蒋通电》："凡我民众及我同志，尤其武装同志，如不认革命垂成之功，隳于蒋中正之手，唯有依照中央命令，去此总理之叛徒，本党之败类，民众之蟊贼……"

此时，白色恐怖也笼罩了整个平江。代理县长曹修礼宣布关闭所有革命机关，还纠集还乡的土豪劣绅组成所谓"拥蒋捧喝团"，宣布服从蒋介石的命令，并策划成立"救党委员会"，秘密制订杀人计划，将共产党员和农会干部都列入屠杀名单。反动分子蠢蠢欲动，情势危急，平江工农群众开始反抗。为了加强对武装力量的领导，中共湖南省委决定派省委委员毛简青回平江，兼任中共平江县委书记，任务是领导当地的党组织，发动群众，着手组建武装，准备应付可能发生的变化。于是毛简青带着妻儿，以回老家探亲的名义，租了两顶轿子，回到平江金窝。

母亲见儿子儿媳和孙儿孙女回来了，喜笑颜开，抱着孙儿孙女亲了又亲，吩咐家人杀了只大黑母鸡清蒸着吃。餐桌上母亲夹了一只鸡腿给儿子。毛简青把鸡腿夹回到母亲碗里，深情地说："儿子一直在外奔波，没有孝敬母亲，还把父母亲创下的家产花掉不少。"

"别说了，只要你们平平安安回来，我也就放心了。"母亲说完又问，"这回可以住久点吗？"

"可以，"毛简青回答，"只是没带什么钱回家，还有不少应酬，可能又得您老人家破费。"

"反正都是你们的，"母亲说，"家中的积蓄只要用在正路上，你就拿去用吧！"

"谢谢母亲。"

回到平江当天，毛简青就通过党的地下交通站，通知县委领导成员到自己家里聚会。

最早到达的是住在三阳坪上的朱璋。朱璋不到17岁，1923年在长沙省立一中读书时，就与毛简青往来密切。在毛简青的影响下，他阅读进步书刊，不久加入社会主义青年团，投身反对军阀的斗争，被学校开除学籍。他回到平江做学运工作，组织爱国学生阻止英国煤油在平江上岸，抓获勾结军阀的奸商，取得了斗争的胜利，这就是平江历史上有名的"煤油案事件"。1927年春，朱璋由团转党，担任平江县委组织部长兼团县委书记。师生相见，分外亲切。朱璋一进屋就叫道："毛先生，久违了！学生这厢有礼！"说罢深深一鞠躬。

毛简青笑道："你还是老样子。"

接着来的是张幄筹和县委委员张铁珊。张铁珊家住浊水潘坳，离金窝只几里路。他的父亲张叔纯是毛简青的老师。1924年2月他到长沙毛简青住处荷花池，见到了李六如、郭亮等共产党人，在他们的启发和帮助下，也投身革命运动，并经毛简青介绍，在长沙加入了中国共产党，随后被派去黄埔军校和农民运动讲习所学习，后回平江开展工作。他以教书为掩护，同余贲民、罗纳川、钟期光等往来密切，共同策划展开革命斗争。

张铁珊匆匆赶来，一见毛简青就紧紧握着他的双手，欢快地叫道："师兄，终于把你盼回来了！"

"师弟，老师身体好吗？"毛简青问道。

"好啊，他常念叨着你呢。自你从日本留学归来见过一面后，他几年没见你了呢！"

晚上，县委紧急会议在毛简青家中召开。听取了大家的情况汇报后，毛简青根据省委指示精神，着重和大家商量了怎样发动群众，建立扩大革命武装，以应付可能发生的突然变化。会议决定分头行动，秘密串联，把工农骨干武装起来，并秘密地有计划地开展武装训练，保卫革命成果。

第二天上午，毛简青约了平江团防局局长余贲民见面。

余贲民身材高大，腰板挺直，站着有如一座铁塔，曾任四十九标连长，是一位训练有素的军官。1911年他参加辛亥革命，五四运动后，又与李六如、陈茀章等投身反帝爱国斗争，任平江县农会会长。他是在工农运动中成长起来的骨干。1922年在长沙，毛泽东亲自发展他加入中国共产党，李六如又介绍他与毛简青认识，此后两人交往甚密。

余贲民此时依靠社会进步力量的支持，已掌握了平江团防局的领导权，计500人枪，他成了反动当局的拉拢对象。

他们千方百计以封官晋爵和重金诱惑等手段，诱骗余贲民接受政府军的改编。党内一些同志也错误地认为这种改编是"好事"，赞成接受改编。就在余贲民处于内外压力和重重矛盾之时，毛简青紧握着他的双手，向他郑重地传达了省委的指示，鼓励他沉着应变，一定要保存好这支革命武装，使这一力量掌握在我党手中。

毛简青说："手中没有枪，就会变羔羊。你带的这支队伍，可是我们党和人民的命根子，宁死也不能交给反动当局！"

余贲民回答："这是自然。我死也不接受政府军的改编！"

"好！"毛简青说，"还有什么困难吗？"

"其他没有，"余贲民说，"只是现在队伍还很小哩。"

"这正是我要同你商议的。"毛简青说，"要尽量扩大队伍。"他眉头紧锁，思虑片刻，说："把团防局的武装和工人纠察队、农民自卫队合编起来，成立平江工农义勇队，由你任大队长，好吗？"

"扩大武装，与工农纠察队、自卫队合编，我赞成。"余贲民说，"只是武器和经费没有着落，怎么办？"

"武器少了，可以想办法。一是收缴反动地主民团的枪支弹药，二是夺取军阀散兵游勇的枪，三是派人到武汉等地去购买。"毛简青胸有成竹，"至于经费，你以团防局名义向县政府要，还可向县商会借。除此之外，我还为你准备了一笔购枪的钱。"说罢，他从口袋中掏出一包东西交给余贲民。

余贲民打开一看，里面竟是两根黄澄澄的金条、一只金手镯、两只金戒指，还有一堆银圆。

"这是哪来的？"余贲民问。

"这你就不用问了。"毛简青说。

"你不说我也知道，"余贲民微微皱着眉，"早年你把自家的家产都资助了革命，现在你又把大妈的养老钱全都拿来了。不过你这样，日后大妈的日子怎么过？"

"革命成功了，不就好过了吗？"毛简青微笑着说。

余贲民也没再推辞，说："这样吧，我给打个借条，将来借一还二。"

"借一还二，高利贷？将来我又要成大地主了，这革命不成了入股分红了吗？！"毛简青笑着反问道。

"入了股，自然要分红！"余贲民说，"我打借条也只是借大妈的，你自己的给一千一万，我一个字儿借条也不打，谁叫你我是共产党员呢！"

"我妈的也就是我的，这借条你就别打了。"毛简青由衷地说，"你我连命都交给党和老百姓了，这钱还用说吗？！"

谢觉哉在 1953 年所写的《毛简青传》中说："简青同志家颇有钱，都资助了革命。"事实正是这样。毛简青家的千余担田和"履泰"商号积下的资产，几乎全部用在革命事业上，甚至他母亲留下的最后一点养老钱也都无偿捐给了革命事业。

接着，余贲民提出队伍里需要增派得力的党员干部。毛简青表示同意，并和他商议了一个名单，提交县委讨论后做出决定，即行调动。

合编队伍、配备干部、充实枪支弹药、筹措经费等工作在紧张而又隐蔽地进行着。经过县委研究决定，派党的得力干部吴克坚到工农义勇队担任政治委员。

吴克坚立场坚定，斗争坚决，又有军事指挥才能，队伍交给余贲民和他掌握，毛简青很放心。而且，他俩早就达成了共识，不管形势怎么变化，党的武装决不能丢。

毛简青叮嘱吴克坚："形势非常复杂，一定要做好思想政治工作。"随即又对他双手抱拳说："你要与贲民兄同心合力掌握好这支队伍，拜托了！"吴克坚坚定地说："有你这位大哥掌舵，任何人休想夺去我们党的武装。"

回击恶浪

1927 年 5 月 21 日，许克祥在长沙发动反革命政变，对湖南省总工会、省农民协会、省党校、省农运讲习所等进行突然袭击，残杀共产党员与革命群众，还通令全省各地驻军与反动势力，对革命人民展开大屠杀。

毛简青和以他为代表的平江共产党人并没有被反动派的嚣张气焰吓倒。他们高举武装反抗的旗帜，同全省共产党人一道，进行了不屈不挠的斗争。

这一天，中共湖南省委派省总工会委员长郭亮和省农民协会执行委员凌炳化装来到平江金窝。毛简青惊喜地紧握着他俩的手。当晚，毛家阁楼上又是一夜烛火通明，三人商议着应敌的大体部署。

第二天晚上，在幽静的教会学校——培元学校，几人以商讨教学计划为名召开了平江县委秘密会议。毛简青在会上传达了省委指示以及他和郭亮、凌炳头一天晚上研究的应敌措施，提请会议讨论。会议决定：一、以武装反抗国民党反动派的叛变和屠杀，以武装保卫革命的胜利成果。二、处决曹修礼，推翻反动县政府，建立由各界进步人士组成的临时政府委员会，代替县政府工作。三、统一革命武装，进一步整顿已决定合编的团防局、工人纠察队和农民自卫军，加强党对平江工农义勇军的领导。四、成立特别法庭，坚决打击和镇压不法地主、土豪劣绅和反动资本家。五、发动城关地区所有群众，召开大会，声讨许克祥。

1927年5月30日，夏斗寅叛军一部窜至平江、通城边界，毛简青及中共平江县委立即通知余贲民率团防队和工农武装与叛军展开搏斗。叛军弃械潜逃。平江工农义勇军以团防局的名义，接管了叛军遗弃在通城一带的军用物资，获长短枪100多支，俄国炸弹一批。

6月18日，驻守在南江的团防武装在余贡民的率领下全部开赴县城，扎下营寨。当晚，一队士兵持枪包围了代理县长曹修礼的卧室。一名中队长带了两个士兵破门而入，曹修礼一看是县团防队的，便大声呵斥道："我是代理县长，好大的胆，竟敢闯进我的房间！"

"举起手来！"中队长命令道。

曹修礼一边咆哮着，一边伸手去摸枕头下的枪。

中队长眼明手快，当即夺过曹修礼的枪，两个士兵反剪曹修礼双手，把他用绳子捆了起来。

消息不胫而走，轰动了平江城乡，人们欢呼雀跃："反动县长被抓起来了！"

第二天上午，街道上人头攒动。团防队武装押着曹修礼游街示众。只见那往日威风凛凛的代理县长，此时头戴高帽子，乖乖地跟着群众喊口号："打倒蒋介石！""打倒反动军阀许克祥！""工农运动万岁！"

6月20日，平江县临时政府委员会成立，这可以说是平江县第一个工农革命政府。临时政府委员会执行人民的意志，坚决保护农民运动一切胜利成果，严厉打击土豪劣绅的反攻倒算，并组成临时政府特别法庭，审判和处决了一批土豪劣绅。

6月23日，平江城关月池塘广场，烈日当空，平江各界3000多人手执梭镖、大刀、鸟铳，举着旗帜及标语牌，聚集在这里，举行声讨许克祥大会。县临时政府委员长李则鸣穿一件白土布短衫，亮开嗓子，愤怒地讲述了蒋介石、何键、许克祥等制造反革命政变的罪恶行径，号召工农群众团结起来与反动军阀斗争到底。会上，工会、农会、商会、教育会、妇女联合会的代表纷纷上台发言。

大会通过了《平江人民讨许大会敬告民众书》，分析了发生马日事变的原因，总结了革命工作的经验教训，指出"必须有自己的武装为之保障已得到之胜利，才不致得而复失"，强调"只有农、工、商、学、兵大联合起来，整顿我们的队伍，跟着党的领导……争取最后的胜利"。

这次大会举行了声势浩大的游行示威，愤怒的人们喊出了排山倒海般的战斗口号："梭镖亮光光，擒贼先擒王。打倒蒋介石，活捉许克祥！"

这些举措，从部署到整个实施，都是中共湖南省委委员兼平江县委书记毛简青精心组织领导的。那雄壮有力的战斗口号，那一针见血的讨许宣言，都是他提出或者撰写的。毛简青思想敏锐，文笔生动，当时写了不少文章，也没有署名，不少文字被战争之火所吞没，但他的革命精神永存。

献钟暴动

1927年7月，余贲民指挥的团防局武装改编为平江工农义勇军，奉命向江西进发，撤出了平江。国民党立刻对平江实施了残酷的"清乡"。在严酷的白色恐怖面前，毛简青无所畏惧，和罗纳川（平江县委宣传部部长兼东南乡特委书记）等同志一起坚持斗争，抓紧恢复党的组织，并努力建立革命武装，还利用蒋介石和唐生智战争爆发的机会，发动群众，以各种办法收集枪支弹药，武装分驻各乡的几支游击队。

1927年8月的一天，夏明翰和李六如一起来到毛简青家中。中国共产党湖南省委为贯彻八七会议精神，特派他俩来平江，与毛简青、罗纳川等商讨恢复中国共产党党的组织问题。

在献钟罗家洞罗纳川家的阁楼上，几人召开会议，提出了"搞武装、建政权、分土地、杀土豪"的战斗口号，并决定成立平江秋收暴动委员会，由罗纳川任主任。随后大家又商量了暴动的具体方案和细节问题。

经过商议，大家决定以群众基础好的东南乡为中心，首先夺取献钟警察所的枪支，然后攻打思村挨户团，由此重建和壮大工农武装。然而，献钟镇上下横街都装着用松树做成的密密匝匝的木栅栏，很难攻进去。有人主张放火烧，但这会破坏市场，且会损害群众利益。大家再三思量，最后决定发动住在献钟镇内的工人打开栅栏，来个里应外合。

9月9日，毛泽东等人领导的秋收起义爆发了，消息传到了平江，罗纳川立即召集同志们商量，决定发动群众以"闹厘减税"为名，举行暴动。9月中旬的一天，近千名工农群众，带着"三支半枪"（李六如、夏明翰从长沙各带回一支，罗纳川从浏阳带回一支，从池塘里掏出一支敌军遗弃的破枪，故称"三支半枪"）及梭镖、大刀、鸟铳等，分6路冲进献钟警察所，一举擒获鱼肉人民的巡官、警察及杂税所经理共 8 人，缴获 3 条枪和 1 只皮箱。那皮箱里装有一大沓契券、400 块大洋及 1 只金钏。契券被当众烧毁，大洋和金钏做了扩建武装的经费。

第二天，暴动委员会在献钟的河滩上，召开了数千人参加的群众大会，公审了反动的巡官、警察及杂税所经理。群情激愤，8 名反动分子全部被镇压。人们心头燃烧起复仇的烈火，纷纷报名参加暴动队，一度被反动当局压下去的革命队伍又壮大起来了。

献钟暴动的胜利，揭开了平江县农民起义的序幕。以毛简青为首的县委，紧接着组织四乡暴动队直扑平江县城。

9 月 16 日深夜，献钟、思村、安定等地 300 多名暴动队员扛着梭镖、大刀、锄头、木棒和 10 多支长枪，进入县城近郊，静候城里的工人纠察队员内应，只等善慧庵的钟声敲响，一起杀进城去。然而，直等到天将破晓，仍听不到钟声。原来负责敲钟的工人被敌人的巡逻哨兵抓走了，信号没能发出，暴动大队伍只好暂时退却。

平江怒潮

第一次扑城失利后，国民党反动当局疯狂地镇压革命。几天里，县监狱关了从四乡捉来的 2000 多人，孔庙亦变成了监狱和"阎王殿"。"清乡"司令阎仲儒和县长王紫剑天天在孔庙前的月池塘杀人，被老百姓称为阎王。"咒阎王，骂阎王，真是两个恶魔王。自到平江来统治，凄风惨雨暗无光。有钱人家心欢喜，穷苦人家遭灾殃。屠杀政策千年恨，人头挂满月池塘。"这首民谣真实反映了当时民众的愤怒心声。

这时夏明翰已去浏阳巡视，后来回到湖南省委，给李六如写来密信。信中说目前形势日益严峻，平江、浏阳是敌人非常注意的县。他要李六如与毛简青商量，将现有武装派出一半到西、北乡，并分一部分枪支给浏阳工农义勇军，如有不便，可暂往上海走一趟。李六如将夏明翰的信递给毛简青看，他不打算即去上海，而是想与毛简青、罗纳川一道上连云山打游击。

毛简青遵照夏明翰信中所示，迅即调整了武装力量的布局，加强了西、北乡的武装力量，并说服游击队负责人，拨出一批枪支弹药交付浏阳工农义勇军使用。还和湘阴、岳阳县委协商准备成立平（江）湘（阴）岳（阳）游击总队，以壮大党的武装。鉴于李六如身体比较虚弱，回平江之前就在汉口养病，毛简青劝他还是去上海找党中央另行分配工作为好。李六如说："你的身体不是也很单瘦吗？你能上山打游击，我就不能吗？"

"你留下一同上山打游击当然好。"毛简青说，"我的担子有人分担，但是你除了身体弱外，也早被反动分子盯上了。在平江你难以隐蔽。我的身体虽不强健，但尚未暴露身份。从大局考虑，你应该到上海去。"

"容我想想。"李六如说，"过了年再说吧。"

这天，正是大年三十。毛简青得到紧急情报，"清乡"委员李铁桓等于昨天上省里联名告李六如的状，说他是罗纳川的军师，不日将派兵抓他。形势急如星火，毛简青连夜派地下交通员给李六如送去密信，要他一定遵照省委函示，迅即绕道赴沪，万勿迟延。李六如这才决定离开家乡，到上海去。

李六如离开险地后，毛简青肩上的担子更重了。他不能眼看自己的同志和父老乡亲遭受反动派的宰割，他要加快武装建设，以革命的武装反抗反动派的屠杀，实行全县大暴动。

思想是行动的先导。毛简青在平江城乡掀起了一个建武装、齐暴动的宣传高潮。

工农、工农，大家齐武装，

手中没有枪，就会变羔羊。

暴动、暴动，我们大家来暴动，

消灭恶地主，农村大革命。

杀土豪，斩劣绅，一个不留情。

建立苏维埃，工农来专政；

实现共产制，人类求大同；

无产阶级革命，一定能成功！

雄浑激昂的歌声此起彼伏，震撼着平江城乡。毛简青和朱璋走在通往浊水蟠坳的山村小道上，只见一队拿着梭镖、红缨枪的赤卫队员唱着《暴动歌》，在紧张地操练着。毛简青微笑着称赞朱璋："不错，你把这歌很快传开了！"

朱璋不好意思地回答："这是歌词好，说出了大伙的心里话。"

"枪支弄了多少？"毛简青边大步走边问。

"弄倒是弄到了20多支，"朱璋小声说，"只是没法运回去。"

"怎么？"毛简青眉头微皱起来，旋即他想起，朱璋家里当时正住着一部分军队呢，"是因为你家里驻有清乡军吧？"

"是啊，"朱璋摇头道，"真拿他们没办法。"

"有办法！"毛简青沉吟片刻，眉毛一挑，"这样吧，叫几个赤卫队员，把枪藏在柴捆中间，先运到你家去，藏起来，到时候拿出来用。"

"保险吗？"朱璋担心地问道。

"保险！"毛简青说，"越是危险的地方越保险。"

"好！我家有清乡军站岗放哨，我这就去安排一下。"说罢，朱璋告别毛简青，往另一条小路走去。他找到新近发展的党员余栗卿、罗辉映、钟让兴、何晋、钟菊、曾蕴辉等人，到山上砍了几担茅柴，把枪支捆在茅柴里，乘筏子运过河，装成是给自家准备的柴火，轻巧地骗过了门卫，把枪运到了家里。他们就这样在敌人的眼皮底下建起了党的"地下军火库"。后来，这批枪支被游击队取出来，在攻城战斗中发挥了很大作用。

那天，毛简青与朱璋分手后，又到蟠坳与张铁珊等游击队骨干商量怎样解决攻城用的火器问题。一开始有人提出派人到武汉、长沙购买炸弹、大炮。毛简青想了想说："到外面去能弄回一些武器弹药当然好，但一时远水难救近火，当务之急是要广泛发动群众，千方百计自己打造武器，自制土炸药、土炮弹。"他指着山里的松树说："把那松树筒子挖空，里面装上炸药、铁片，不就能当炮使吗？行不行，你们去试验试验，如行，可叫各乡游击队都造他几门松树炮。"

按照毛简青的提示，张铁珊等人造出了土炸弹和松树炮。土炸弹是用洋铁皮焊制的，有罐头大小，里面装了铁砂、石子和土硝，外面裹着白布，像摔炮一样，一碰就炸，能将人炸死。松树炮用直径一两尺的树干挖空制成，有六七尺长，里面装着土硝和碎铁皮，再用泥土填实，放起来声音很响，并有相当大的杀伤力。

在国民党反动派的虎视眈眈下，要发动和武装20万名赤手空拳的农民攻打县城，谈何容易。为此，毛简青和他的战友们呕心沥血，做了大量的思想发动和组织工作。针对平江县"清乡"委员会《告民众书》诬陷"共产党首领及游击队长，都要徒手工农打先锋去送死"，离间共产党与人民群众的关系的反动论调，中共平江县委撰写了《敬告民众书》，严正指出："共产党领袖，哪一个不是挺身冲锋与指挥呢？战斗中阵亡的烈士有几个不是共产党的党员呢？我们已经说了，共产党员是不怕死的，十万雄兵我们都不怕，难道还怕这小小的一点土匪军队吗？……至于说'被杀的恐怕只有十分之一是共产党，十分之九是工农'，这更是反动派屠杀工农的一个直供不讳的招状！既知道只有十分之一的是共产党员，为什么不放出那十分之九的工农？而且还要把那十分之九的工农一并杀死？这明明是表示他们反动派屠杀工农的恶毒！"

这《敬告民众书》一针见血地揭露了反动派的阴谋，批判了他们的谬论。它像清醒剂，使某些受了反动宣传蒙骗的群众立马清醒过来，分清界限；像号角，把广大工农集合在共产党的旗帜之下。"暴动！暴动！打到县城去，解救被捕的工农弟兄！消灭屠杀工农、背叛革命的国民党国民政府！"这句口号成为大家的誓言和自觉行动。

1928年2月的一天,浊水金窝毛简青家的阁楼上,县委又一次在这里召开紧急会议。毛简青沉痛地说："现在，被敌人关在监狱中的同志和革命群众有2000多人，我们要千方百计设法去营救他们！"

原来前几日，朱璋因叛徒出卖而被捕。敌人对他施以酷刑，妄图从他口中得到地下党员名单，可得到的回答只有一个："不知道，知道也不会告诉你们！"他的舅母前去探监，见他戴着脚镣、手铐，遍体鳞伤，不禁心如刀绞，泪流满面。朱璋安慰她说："舅母，您不要哭，甥能为大众做点事，活到十七八岁，不算短命。不然的话，活到百岁也是枉然。"

到底怎样才能把朱璋他们救出来呢？委员们讨论来讨论去，最后认为只有提前暴动扑城，打进县城去，才可解救被捕同志和革命人员，同时夺取县政权，建立工农民主政府。

不过，提前扑城行吗？准备工作来得及吗？毛简青沉吟片刻，请大家将各乡情况做一个具体的介绍。

"提前扑城能行！"罗纳川站起来，信心满满地说，"现在东南乡都行动起来了，来他十几万人没问题。"

北乡特委书记李宗白接着说："最近胡筠同志从武汉中央政治军事学校学习回来了，她以要继续外出读书为名，找她的家爷（公爹）李彩藻要了几根金条，然后装成阔太太，在湖北通城买了七支枪，成立了一支游击队。早些日子，我们发动虹桥的两千多农民搞了一次暴动，战果还不小，现在队伍越来越大，攻城可来四五万人。"

"就是在启明师范读过书的那个胡筠吗？女同志能背叛地主家庭，投身革命，拉起革命武装，真不错！"毛简青既高兴又敬佩，"不能轻视女同志哩！"

西乡特委书记张纯青说:"我们西乡原来的工作是落后了一些,自从简青同志到我们那里后,近来党团和农会组织都建立和恢复起来了,一串十,十串百,扑城保证来一两万人。"

驻下东乡的游击队大队长喻庚说:"下东乡的准备工作也做好了,乡里成立了中队,以村或屋场编班,每班十余人,选出了有经验的坚定分子担任班、队长。"

毛简青问:"编了多少班?总共多少人,多少武器?"

喻庚一一做了回答。

"好!"毛简青说,"既然要扑城,就必须把思想和组织工作做细做扎实。人员要按军事编制,县设总指挥部,我提议余本健同志任总指挥,罗纳川同志任政治委员。各大乡成立指挥部,区成立大队,乡成立中队,按照下东乡的经验编班,几个班为一个中队。"

会上还就扑城的武装力量和隐蔽办法等做了具体研究。县委宣传部部长张幄筹(此时罗纳川任组织部长,张接任宣传部部长)提出了一个"滑稽扑城"的办法。他建议各地在向县城行军时,为不被敌人发觉,可在队伍前列安排各种化装队，如铳炮队、锣鼓队、旗队、舞狮队、故事队、和尚队、道士队，以"送香""抬老爷"或是进城卖柴、玩狮为名。

毛简青说："采用多种形式是可以的，但重点要统一全县革命武装，要有一支过硬的敢死队。"

第二天一大早，毛简青走了30多公里山路去到嘉义，主持召开了全县党的活动分子会议，到会代表40余人，会议内容主要是贯彻上级党组织指示，以革命武装对抗反革命武装，坚决镇压反革命分子，武装发动工农，继续组织暴动，扩大党的组织。县委成立5个乡的特别工作委员会。会议还决定于3月16日趁县城敌人力量还比较薄弱的时机，组织20万农军扑城，正式合编成立平（江）湘（阴）岳（阳）游击总队，由余本健任总队长，罗纳川任党代表。总队下设5个大队，分驻5个乡，作为扑城的骨干队伍。扑城总指挥部以下设敢死、爆破、侦察、运输4个大队。总指挥下设东、南、西、北4路指挥。

会上，毛简青再次做了政治动员，强调要充分发动群众，让群众自愿报名，在报名的基础上进行编队，并一再强调组织纪律，不许乱烧乱杀。会后，为封锁消息，断绝了通往县城的一切交通，到处设有步哨，只准进，不准出。为统一指挥，特制了一面"稻草旗"，即用稻草编成一丈多长的龙插在竹竿上，作为队伍进攻的指挥旗；规定了攻城的口令，前进的口令是"犁庭"，撤退的口号是"扫穴"，总口令是"耐劳"。

扑城前一天（3月15日），全县20万农民队伍从各乡分头出发，浩浩荡荡开往县城。坐镇金窝的"秋暴"总领导毛简青通过秘密联络员、交通员与扑城总指挥余本健、党代表罗纳川及各路指挥保持密切联系，了解情况，做出判断。他密切注意敌方的动态，派出精干的侦察人员，刺探敌情。

3月16日拂晓，攻城战斗打响了！

松树炮、土炸弹哐当哐当，发出了震天的响声。各路敢死队以迅雷不及掩耳之势，手执大刀、长枪，从东面的浮桥、北面的画桥、南面的石碧潭、西面的西门桥冲进城里，和驻城的敌军展开了巷战。

东路化装队过汨罗江浮桥后，从彩龙、狮子、柴捆内拿出长枪、大刀、手榴弹，杀进东街，缴获了敌哨兵的枪械，随即冲到柘树坪与北路敢死队会合，但在冲往国民党县政府时受到敌军的阻击，伤亡不少。这时城东的浮桥也被敌军强行拆掉，东南两路大队人马无法进城。许多农军战士冒着枪林弹雨，跳进冰冷刺骨的河水中，泅水过河，向对面冲锋，终因敌军火力猛烈，农军缺少攻城火力，城东南的大队伍未能打进城去，被阻在三阳街鲁肃山一带。围攻北门的农军虽一度攻进了城里，并缴获一批武器，但敌军凭借用沙袋垒成的工事阻击，火力亦猛，北路农军难以挺进。

余本健、罗纳川当即调配火力，准备发动总攻。这时，毛简青获悉敌军两个团增援部队已到达城西瓮江镇。为避免不必要的牺牲，毛简青迅即与余本健、罗纳川紧急商议，决定撤出战斗，保存有生力量，于是下达了"扫穴"的口令。

这次扑城虽然失败了，但好在把武装力量保存了下来，分散在上东乡黄金洞和北乡幕阜山一带活动。同时也让敌人大为震惊，地主豪绅吓得魂飞胆丧，没有料到共产党能组织这样大规模的暴动。从此，敌人的小部队再不敢单独驻在平江，更不敢轻易到四乡骚扰了。扑城锻炼了人民，武装了工农，是一次全民武装斗争的实践，为共产党积累了武装斗争的经验，也打乱了敌人"围剿"湘赣边区的部署，支援了井冈山的斗争，为平江起义和红五军的建立奠定了群众基础。

虎口脱险

20万农民扑城战斗失败后，反动当局疯狂追捕屠杀共产党人和革命群众。平江县长刘作柱组织反动武装县民团和多如牛毛的挨户团、难民团，与何键调来的王东原等3个师的正规军布下黑网，声言要"车干塘里的水，活捉塘里的鱼"，"宁可错杀三千，不可放走一人"。王东原部高喊"血洗东南乡"，见人就杀，见屋就烧。谢江乡横江佛坳岭被烧房屋多幢。辜家洞长45里，原有270户，3558人，342幢房子，8所学校，51家商店，639个纸槽，年产纸1.3万多担，被国民党军及民团放火烧了3个多月，房屋、商店、学校、纸槽毁灭殆尽，45里没有人烟，仅留两三间破庙。北乡虹桥一带，死者不下 300 人。献钟月光崖下一丘田里，一次被杀害 100 多人……烈士群众的鲜血染红了这里的每一寸土地。

反动派妄图斩尽杀绝共产党人和革命群众，但真正的共产党人是吓不倒的，他们在以毛简青为首的中共平江县委领导下，与"清乡"的敌人展开了不屈不挠的斗争。

这天清早，毛简青接到省委地下交通员送来的省委秘密通知，当即和罗纳川商量，由罗纳川负责县委工作，自己与宣传部部长张幄筹以及欧阳桂生去长沙，通过省委向中央汇报工作。

毛简青穿起在日本时裁制的一套西装，打扮成一位阔少，坐着轿子，带着随从。一路上，对外说是从省府来的巡视员，还有"清乡"委员会的特别通行证，加上那副高傲的神气，把一些关卡的团丁都吓退了。

毛简青一行刚进入张家陂地界，猛听得后面人嘶马叫。直觉告诉他大事不妙，可能刚才被敌人发现了某些破绽。敌兵追上来了，怎么办？毛简青果断决定弃轿，大家一起上山躲避。然而抬轿的农会骨干怎么也不肯，一定要毛简青他们三个先上山，理由是一起上山目标太大，他们继续抬轿往前走，可以把敌人引开。毛简青担心他们的安全，不肯丢下他们，伸手去拉身边的轿夫，却被那轿夫顺手推上了山坳。轿夫指着山坳里一个红薯窖，叫他们快到窖里边藏起来，后面那顶轿的轿夫也把张幄筹和欧阳桂生推向山坳，然后，轿夫们抬着空轿向前急奔……

嗒嗒嗒，马蹄声越来越近，敌军眼看就要赶上来了。为首的头目大喊："赶快停轿！不然老子就开枪了！"

轿夫们好像什么也没听到，仍抬着竹轿在崎岖的山路上小跑着。

砰！砰！砰！敌军头目急了，朝前方连开三枪。

枪声在山坳中回响，毛简青心头一紧。他担心抬轿的同志的安全，把头贴近崖壁倾听着。身后的欧阳桂生小声说："空枪。"他拉了拉毛简青的衣角。"快进洞。"

这是平江山区常见的藏红薯的洞，山里人叫它红薯窖。此刻，一位老农正在一个红薯窖里挑选薯种，见毛简青几人匆匆赶来，又听到枪响，便仔细打量着毛简青，见他虽身着西装，阔少打扮，人却很和善，像个教书先生。毛简青看出老农的疑虑，便说："大爷，我们是好人，请让我们进窖躲躲。"老农已猜出几分，知道平江"三月扑城"有个大军师当指挥，很了不起，清乡军要抓他，莫非就是此人？于是便答应了。毛简青三人进窖后，老农没有让他们坐在中间的坑道里，而是把他们领进一个黑咕隆咚的、非常狭小的横洞。

那横洞原是一个废弃了的淘金坑，又小又窄，洞口更是小，几个人是侧着身子爬进去的。洞底有水，湿漉漉的黄泥巴沾了他们一身，而且又不通风。为了不致窒息，毛简青取下头上的礼帽给大家扇风。蹲了一阵不见动静，那老农也没见人影，欧阳桂生有点慌，怕老农靠不住，把他们出卖了，便悄悄爬了出来。透过洞口照进来的一丝光，他看到洞外几个清乡军朝这个红薯窖走来，带路的正是那个老农。欧阳桂生连忙折转身子，钻进横洞口，连拉三下毛简青的裤子，发出紧急信号。毛简青掏出身上的手枪，屏住呼吸，密切注视着外面的动静。

红薯窖前，几名清乡军把黑洞洞的枪口对准洞里，头目解开被反绑着的带路老农的双手，笑嘻嘻地说："现在是你立功的时候了，快进去把'共匪'叫出来！"

"要是里面没人呢？"

"生要见人，死要见尸！"

老人摇摇头："恐怕见不着人了！"

"为什么？"头目板起一副凶煞脸孔。

老人拿起损坏了的窖门板，在那头目前晃了晃："这窖门都打烂了，有人也逃走了。"

"少废话！"头目命令两个士兵，"押着他进洞去搜！"

老人一跛一跛地从主洞口磨蹭着往里走。空气好像凝固了似的。靠近毛简青等人藏身的侧边洞口时，老农伸手往洞顶的蝙蝠窝一捅，刹那间，好多蝙蝠飞来，像一股黑旋风，劈面扑腾在两个押他的清乡军脸上，吓了两人一大跳，慌忙跟着老农退了出来，报告长官："里面没有'共匪'，只有蝙蝠。"

洞里，毛简青三人将这一切都看在眼里。欧阳桂生暗想，错怪那老农了，幸好毛简青示意他不要开枪，不然，当清乡军进洞搜查时他就开枪了。

洞外，清乡军头目半信半疑，探头探脑朝窖内看了看，侧着耳朵听了听，毫无动静。他怀疑毛简青几人躲到别处去了，这才下令押着那老头到山坳那边搜索。

"再要抓不到'共匪'，老子将你们统统毙了！"清乡军头目气急败坏地吼叫着。

原来清乡军追到竹轿时，见是两乘空轿，便去抓轿夫，轿夫们飞快地躲进了丛林里，只有一个轿夫被子弹击中腿部而被捕。这个人不论清乡军如何拷打，只说不知道。清乡军只好在这附近搜索，刚好发现那老农挑着红薯下山，便断定是老农把"匪首"藏在薯窖里，又是一顿毒打，把老头的脚打跛了。折腾了大半天，看天快黑了，清乡军这才放弃。

在张市地下党和张家坊友人的接应下，毛简青一行经汨罗辗转到达上海。

从 1928 年 4 月下旬起，瞿秋白、周恩来等 100 多位代表分批秘密前往莫斯科出席党的第六次全国代表大会。毛简青作为湖南代表团书记参会。

5 月，毛简青由上海出发，先是乘上一艘日本轮船到了大连，再转火车到达哈尔滨。与党组织的地下交通站联系后，他拿到了六大代表出境去苏联乘坐的马车号码，然后继续乘火车去胪滨府（今满洲里一带）。到达胪滨府后，毛简青改扮成商人，装着寻找苏联人谈买卖的样子，在边境一带终于找到了共产国际交通站在那里安排的几部马车。

这天晚上，毛简青悄悄登上了马车。

俄国马车夫仔细核对了毛简青的登车号码后，也不说话，鞭子一扬，马儿就跑起来了。夜幕中，马车夫熟练地驾着车七拐八拐，偷偷取道，过了边境，到达后贝加尔斯克。随后，毛简青按照苏联方面的安排，乘火车去了莫斯科。

中国共产党第六次全国代表大会会址位于莫斯科市南部郊外五一村公园街 18 号。会址正面的林荫路两侧树木茂盛，楼的后面是一片荒草地。

中共六大的召开，经过了将近一年的酝酿和准备。会议的主题是要总结大革命失败的经验教训，特别是八七会议以来党的工作，制定党在新时期的路线、方针和政策。

6 月 9 日，苏共中央总书记斯大林在莫斯科市内的一栋大楼里接见了出席中共六大的部分代表和中共第五届中央委员。瞿秋白、向忠发、周恩来、李立三、毛简青等都参加了。毛简青熟练地用俄文做了记录。

斯大林强调中国革命是资产阶级民主革命，不是"不断革命"，也不是社会主义革命，并以俄国的"二月革命"为例做了说明。他还说现在的形势不是高潮，而是低潮。李立三不赞成这一点，但毛简青觉得斯大林的看法是符合中国现实斗争实际的。

6月18日，中国共产党第六次全国代表大会开幕。六大所有代表只有142人，有表决权的代表（正式代表）只有84人。毛简青是84名正式代表之一，并被选为大会主席团委员、代表资格审查委员会委员。

在18日晚的主席团第一次会议上，讨论了大会各委员会的组成问题。经过酝酿，大会主席团会议21日听取了各委员会组织情况和各省参加人数的报告，组成了多个委员会。毛简青任政治、组织、农民土地问题、苏维埃、妇女运动、财政审查及湖南问题委员会的委员。

6月20日下午，毛简青和瞿秋白、李立三、王藻文一起主持会议。大家的讨论十分热烈，主要集中在中国革命的性质、任务，要不要进行合法斗争，革命的高潮与低潮等问题上。毛简青发表了自己的看法。他联系中国革命斗争实际，认为中国革命的性质仍然是资产阶级民主革命，指出应该以革命任务来决定革命性质。

　　他详细介绍了平江暴动的前后情况，深有感触地说："压迫愈深，反抗愈烈。人民群众有着强烈的革命要求和火山般的强大力量。只要共产党善于联系群众，依靠和发动群众，代表他们的根本利益，革命终究是要胜利的。只是革命发展是波浪式的，有高潮也有低潮。例如，平江 20 万农民扑城，可以说形成了高潮，但在反动势力的疯狂反扑之下，目前，白色恐怖十分严重，革命又处于低潮。就湖南和全国而言，也是很不平衡的，我们既要反对悲观失望、无所作为的右倾机会主义观点，也不能过高估计形势，认为当前革命仍处于高潮。"

　　谢觉哉在 1945 年延安中央组织部编印的《死难烈士英名录》中写道："毛简青在六大大会过程中，他是反对右倾机会主义的，反映平江暴动甚详。"

　　毛泽东当时在井冈山，未能出席会议。毛简青非常熟悉毛泽东，赞同他的"农村包围城市，走武装夺取政权"的道路。在酝酿选举新一届中央委员时，他热情介绍毛泽东的情况，支持毛泽东继续担任中央委员，获得了与会代表的赞同。

　　参加党的六大时，毛简青的身份仅仅是湖南省委委员兼平江县委书记，但作为湖南代表团书记和大会主席团成员，在这样高级别的会议上，他处事果断，观点鲜明，参与大会领导，为开好六大做了积极有益的工作，更以其出众的才华、良好的个人素质，受到与会代表的欢迎和尊崇。

回到上海

1928 年 7 月 6 日，中共六大讨论并选出中国共产党出席共产国际第六次大会的代表，其中有表决权的代表 20 人，毛简青是其中之一。大会结束后，毛简青只在博物馆和书店转了转，买了几本马克思和列宁的经典著作，旋即回国。

回国前一天，周恩来代表党中央找毛简青谈话，要他直接回上海。周恩来说："湖南省委在今年 3 月和 7 月遭受了敌人两次大破坏，准备最近将省委机关远迁上海。你就不要回湖南了，直接回上海，留在中央机关工作，并负责共产国际东方部米夫及日共中央机关负责人的联络工作。"

毛简青难舍处于危难之际的湖南省

委："我还是回湖南工作吧？"

周恩来摆摆手道："中央机关需要你，你既有理论又有实践工作经验，还懂几国语言，你就留在中央，与我分担一些担子好吗？"

毛简青说："好，能和您一起工作，我高兴都来不及呢。"

"我们都是为党工作，"周恩来道，"你先我一步回国，我在这里还有些事要处理一下。"

毛简青是第二批回国的代表，走的是东线。他们从莫斯科经赤塔到达符拉迪沃斯托克（海参崴）后，住在树林中的一座旧别墅里，等了两三个星期，其间不准随意外出。毛简青正好利用这段时间看书。出发时间确定以后，他们先乘火车到边境小站绥芬河，在一间小房子里住了一天，第二天晚上，有一位苏联向导领着他们爬山越岭。毛简青脚蹬行军胶鞋，穿过莽草丛生的山林，天快亮时才越过了边界，躲在边界线的中国境内。火车站站台前面，为铺铁轨，筑起了两三米高的路基，他们就躲在路基下边，由苏联向导到车站帮他们买了车票。火车开车前两三分钟，一帮人才急匆匆地赶上火车。他们穿着不中不西的服装，路警一时搞不清是哪里来的旅客，火车就要开动，只好让他们上去，也来不及检查拦阻。

火车晃晃悠悠走了一整天，到了哈尔滨，代表们各自找投宿处。第二天，毛简青由哈尔滨南下到大连，乘一艘日本轮船回到上海。

从上海去莫斯科前，毛简青住在霞飞路尚贤坊15号友人佘叔奎家。佘叔奎和毛简青曾同在日本留学，交往甚密。毛简青去参加中共六大，吴淑坤万分担心丈夫的安危，不顾当时的险恶环境，带着女儿梦红、儿子荫生也踏上了寻夫之路。至平江西乡张家陂，当地民团盘查甚严，她不敢住客栈，找到镇上开药店的皮玉生老板家借住。老板娘莉大嫂热情接待，晚上团丁来查户口，老板娘说吴淑坤是自己的姐姐。在皮老板夫妇的掩护下，吴淑坤带着儿女坐独轮车赶到汨罗，几经周折才到了上海，在佘叔奎家住过一段日子。

毛简青回到佘叔奎家，寒暄后佘叔奎告诉他，嫂夫人带着两个孩子从平江老家来上海后，在这里住了一段时间，现在搬到法租界一个亭子间住下了。毛简青又惊又喜，问："是谁安排的？"

"原在平江任教育局长的吴克坚（吴黑撑）。"佘叔奎说，"你那儿子晚上喜欢哭，你夫人怕影响我的睡眠，恰好吴克坚来了。她找老乡帮忙，搬出去了，我留都留不住，对不起。"

毛简青赶紧道："我家人多，已经打搅你家多时了，谢谢你的关照。"

这晚，毛简青很快找到佘叔奎提供的地址，敲开了家门。妻子吴淑坤惊喜万分。妻子告诉他，吴克坚现在住在靠外滩五马路一家古董店楼上，在党中央机关做"外交"，负责接待从外地来中央汇报工作的同志。"我们家住在这里就是他代表组织给安排的。他说住在巡捕房隔壁安全，还给添置了一些家什，并说你回来后，有什么事情可以找他。他把自己的父母和女儿群波也接来了，家里上有两老下有一小，这样不会引起反动派的注意。"

"好喽。"毛简青高兴地说，"有时间，我和你以探望老乡的名义去看看他们。"

"爸爸，我也要去。"3岁的荫生抱着父亲的腿，连声叫着要去看望吴叔叔。

"好，带你和姐姐一道去。"父亲笑眯眯地亲了亲儿子的额角。

虽然一家人团聚了，但是在白色恐怖下的上海，吴淑坤既要掩护丈夫的革命工作，又要抚育儿女、烧菜煮饭做家务，老家的资产都已用于革命，余下的也被反动当局抄没，断了经济来源，一家人只能靠带出来的衣物首饰典当所得和毛简青给中华书局翻译所得的微薄稿费过日子。吴淑坤给人浆洗衣物，弥补日常用度之不足。虽然自己生活很拮据，但是毛简青依然处处为他人着想。一天，邮递员给他送来一封信，是好友凌炳写来的，上面没有贴邮票。邮差要他补交邮票钱。毛简青对吴淑坤说："你看，凌炳连贴邮票的钱都没了，一定很困难，得接济接济他。"

"泥菩萨过江，自身难保，哪有钱啊？"妻子苦笑。

丈夫盯着妻子手上戴的金戒指，不好意思地说："把你那戒指借我用用吧。"

"唉，你呀……"妻子笑着说，"这可是结婚时我娘给我的，本来早就想当，我舍不得才留下。"

"以后有了钱，我给你买大的。"丈夫说。

"嗯。"吴淑坤当然知道这是丈夫的安抚，但她还是毫不犹豫地答应了。

戒指当了，钱寄出了。凌炳很感谢，赶忙回信解释说，由于疏忽忘记贴邮票，很对不起，并将寄去的钱如数奉还。钱一来一往，心紧紧相连。

重振湘威

　　这天拂晓，毛简青穿上长袍，来到上海四马路天蟾舞台后面一条街道的一间商店楼上。这里是中共六大期间负责留守中央的常委李维汉、任弼时，以及中央秘书长邓小平碰头、处理日常事务的办公处。

　　毛简青向李维汉等人简要谈了自己参加六大的感受。当谈到今后工作问题时，李维汉热情地说："恩来同志已与我们研究过了，你留在中央机关工作，不回湖南省委了。因你是湖南省代表团书记，关于六大会议精神，你还得负责向湖南省委作传达。"他又告诉毛简青湖南省委机关已迁来上海，让毛简青通过吴克坚找省委书记宁迪卿。

毛简青告别几人后，去外滩五马路一家古董店的楼上见到了吴克坚。老友相见，分外高兴。毛简青向吴克坚简要介绍了六大会议精神，紧接着询问湖南近来的情况。吴克坚悲愤地说："你去莫斯科开会后，湖南省委机关出了叛徒，遭受严重破坏。"

"听说湖南省委已迁来上海，他们现在在哪里？"毛简青说。

"根据中央指示，已在上海组成新的湖南省委，书记是宁迪卿。"吴克坚说，"现在还没有正式办公地点，他们暂时分住在几个旅馆，明天我领你去和他们见面吧！"

"不！"毛简青急切地说，"可以的话，我想现在就去。"

"好吧！"吴克坚当即和毛简青乘电车，去到韬明路的一家旅馆，在二楼一间不大的屋子里，找到了宁迪卿。

当然，两人无论如何也没有料到，之后不到3年，由于宁迪卿的叛变，中共湖南省委再次遭到灭顶之灾。

寒暄过后，宁迪卿叹了口气："湖南白色恐怖越来越严重，省委机关屡遭破坏，损失惨重，我是既难过又自责。现在转移到上海来了，但湖南工作究竟应如何开展，举步维艰。省委正盼着你回来出主意，挑重担呢！"

毛简青安慰道："留得青山在，不怕没柴烧。目前，处境虽然险恶，但有党中央在，有省委在，有我们的同志在，还有广大革命群众在，共产党和革命群众是杀不尽的，革命终究要胜利。至于湖南工作应如何进行，我这次参加六大后，深刻感受到，必须从中国当前的政治形势和湖南的客观实际出发，来确定我们的行动纲领和工作步骤。恩来同志同我谈过湖南的问题，他说湖南党组织当前的主要任务是争取广大群众，扩大党的政治宣传，建立党的工作基础，促进工农士兵运动的平衡发展，准备革命高潮的到来。我看这很符合我们湖南的实际。你说对吗？"

"很对！"宁迪卿紧蹙的眉头舒展开了，"明天我们开个省委扩大会议，请你传达六大精神，并据此研究部署湖南的工作。"

"好！"毛简青说，"只是我只能负责传达六大精神，至于部署工作，我就只能提提个人的建议了。"

"怎么啦？"宁迪卿问，"你可是省委成员呀！"

"恩来同志和我谈过，让我到中央机关，不再回湖南省委工作。"

"我去找恩来同志汇报，一定要请你回来呀！"宁迪卿热情地说。

"不必了。"毛简青说，"有什么事情你就跟我说一声，我当尽力而为。我的关系就请转到中央吧。我会常来看望大家的。"

宁迪卿惋惜地说："中央增加了一位得力人才，可湖南少了一员才华横溢的大将啊！"

"过奖了。"毛简青说。

第二天，毛简青按约定地点，参加了湖南省委扩大会议。到会的有宁迪卿、易足三、林仲丹、成仲青、蒋长卿、张学琅等人。毛简青传达了六大会议精神，提出了转变湖南工作的几点建议：强调要坚决贯彻执行六大决议，深入发动群众，做艰苦细致的思想政治工作；要深入工厂农村，建立职工运动委员会和农村革命根据地，抓紧恢复党在粤汉路、株萍路、水口山、锡矿山、炭塘子等产业区域和湘中各县的组织；在农村继续开展土地革命，解决农民土地问题，恢复和扩大农民武装。他还根据从平江家乡了解到的情况，建议省委抓紧做好统战和军运工作，把从湖南脱险到上海的党团骨干组织起来，进行短期的训练后派回去，到基层去，或者打入国民党政府和军队中。像彭德怀、滕代远、黄公略在平江发动的起义那样，从敌人营垒里打出来，举旗起义，壮大人民军队的力量。

他的讲话和建议得到了与会同志的热烈赞同和认可，犹如在一堆干柴上点了一把火，使遭受严重挫折后一度沉寂的湖南省委，燃起了复苏的烈火。

遵照中央的决定，毛简青留在上海中央机关工作。他夜以继日地搜集国内外各方信息，分析研究国际国内形势，与共产国际代表米夫以及日共中央保持密切联系，并兼任党中央日、英、俄等国文字的翻译工作和全国互济会的工作。

毛简青当时的公开身份是书局的翻译和撰稿人。国民党统治下的上海，特务如麻，巡捕、"包打听"像苍蝇、蚊虫一样死死盯着革命者，环境异常险恶。毛简青在这种环境中，以他的冷静和机智，从容应付。

他外出的时间一般在早上5时至上午10时和晚上7时以后，其余时间大都在家研读马列经典著作，编译进步书刊，撰写理论文章。为以防万一，他还买回上海地图，对上海的街道布局进行了一番仔细的研究，尽量少走大马路，多穿小弄堂，少搭电车，少去公共场所。他通常装扮成大学教师、学者、商人，秘密地与共产国际中央和日共中央负责人约定在公园、大酒楼等处接头，很少在机关交谈。每次交谈他总是预先做好准备，言简意赅，为党中央和共产国际中央及日共中央的密切沟通做出了卓有成效的贡献。

不久，日共中央机关遭受敌人破坏。城门失火，殃及池鱼。一天，一个在反动当局工作的大员，开着一辆崭新的小汽车来到毛简青家中。当时毛简青正在翻译一篇日共中央转来的绝密件，刚刚译完，听到有人来访，忙将文件藏起来。

来人西装革履，中等身材。毛简青认出他是自己在岳州中学读书时的同学。多年不见，听说后来发了迹，是国民党某机关要员。毛简青心想来者不善，不得不防，于是主动寒暄，热情招呼老同学坐下，随即吩咐妻子吴淑坤："快去买些酒菜来，为老同学接风。"

吴淑坤会意，抱起儿子荫生就要下楼。来人站起来拦阻，连说："不必破费。"

毛简青向妻子挥挥手说："快去呀！"随手拉开来人，又扭转身向妻子使了个眼色。妻子担心丈夫，又怕儿女有什么闪失，只好抱着孩子急急下楼去了。

来人扫了毛简青一眼，见他戴着副金丝眼镜，一脸做学问的书卷气，就问道："正在研究什么大学问呀？写什么书呀？"

"我能研究什么大学问呢？"毛简青不卑不亢地说，"也没写什么书，就是给中华书局译几篇小稿子，糊糊口。"

"不见得吧，"来人眼珠子滴溜溜地转，狡黠地说，"日共中央就住在你隔壁，你是在帮他们做事吧？"

"我不知道什么日共中央，哪来为他们做事的说法呢？"毛简青正色道，"老同学，我一贯不问政治，你可不能随便听信别人的诬告呀！"

这时，女儿梦红给一个地下党员送完文件回家了。毛简青对她使个眼色说："你妈妈买菜去了，你快去弄饭，我要陪老同学吃顿饭。"

梦红进厨房弄饭去了。

这个老同学是来刺探虚实的。在中学读书时，他就对既聪明又勤学的毛简青怀有敬意，后来听说毛简青赴日本留学，一学就是 9 年，成了东京帝国大学的高才生、经济学硕士，更是佩服不已。近来接到密报，说毛简青住在日共中央机关的隔壁，与日共机关人员时有接触。对此，他半信半疑。半信者，是因为有"包打听"的密报；半疑者，他认为毛简青出身大富人家，又是高级知识分子，应该不会去做这种要脑袋的事情。所以他亲自考察来了。这会子，他以"拜读老同学的大作"为由，一一翻阅着毛简青的译作和手稿。眼看就要翻出自己压在孙中山先生日文著作中那篇刚译完的日共中央绝密件，说时迟，那时快，毛简青随手拿起书桌上另一沓译文，递给来人，对他说："这是我近日为书局翻译的，自认为有几篇译得好的作品，请你斧正。"

"哪里，哪里，"来人说，"对日文我可是一窍不通！"说罢仍去拿那部孙中山的著作。

毛简青见状，笑笑说："你是要看孙中山先生的著作吧？这是日文版。"他顺手将那书拿到手中，用左手夹紧书页中的密件，用右手翻了翻书的前几页给来人看，随后说："老兄喜欢孙中山先生的文章，我这里也译了一部分，也是为书局译的，如有雅趣，请过过目吧。"说着，从一旁抽出一份孙中山日文著作的译稿，递给来人。来人无心看那译稿，摆手说道："不用看了。"毛简青将译稿收起时，趁来人不注意，转身将夹在孙中山著作中的密件拿出，火速藏进自己外衣口袋里。

来人还在翻找着，趁这当儿，毛简青说了声："对不起，我去卫生间方便一下。"说罢，噔噔噔下楼去了。

在厨房弄饭的梦红，听到父亲"噔噔噔"的暗号声，待父亲走后，便出来给来人的茶杯里续了水，稳住了他。

来人在书房兼会客室里没有发现什么破绽和可疑线索，又见毛简青迟迟未归，坐在椅子上思虑半晌，笑了一笑。他已经猜测到自己老同学的身份了。他对梦红挥挥手说："你爸妈不会回来了，你也走吧！"

"不会吧？"梦红说，"我爸没干什么坏事呀！"

"也许吧!"来人有些心事重重,"你快走喽!"

"那好吧,再见!"梦红靠近窗前,一边自言自语说天要下雨了,一边顺手把摆在窗台上的花盆搬到室内,这是和其他同志约定好的暗号。然后她像一只小燕似的飞进了密集的人群中。

一会儿,一队荷枪实弹的警察封锁了街道里巷,把毛简青的住所包围了,翻箱倒柜,查抄了室内外所有物件。然而,他们需要的东西一件也没查着,只好一张封条把门封了。

毛简青和妻子儿女都到哪儿去了呢?

毛简青怀揣的那个密件,需要译出后交毛泽民负责的印刷厂秘密印刷。毛泽民在上海任中共中央出版发行部经理,是中央秘密印刷所负责人,出版发行部机关设在闸北的一条弄堂里。有个印刷厂受发行部直接领导,厂址在闸北爱而近路(今安庆路)春晖里,名叫"协盛印刷所"。为确保密件赶快印刷,毛简青脱险后,急急穿过小街里弄,确定没有"尾巴"跟着,这才进了协盛印刷所。这里是他常常来往的地方,厂里守门的师傅和工人都认识他。

"毛先生，您找杨经理（毛泽民化名杨杰）吗？"守门的师傅亲热地问道。

"是啊，他在厂里吗？"

"在，您上楼去吧。"

毛简青上楼后，轻轻敲了四下门。门开了，是一位俊秀的女士。这是钱希均，毛泽民的妻子。钱希均轻轻地说道："毛先生您来了，里面请。"说罢将毛简青引进内间。毛简青走进内间，却见毛泽民在全神贯注地拨着算盘。

"你看谁来了？"钱希均叫道。

毛泽民抬头一看，忙停下来，高兴地说："简青兄，你来得正好，不来，我还要去找你呢！"

"什么事？"毛简青问。

"你翻译的日共中央那个密件，恩来同志在问我印出来没有，"毛泽民说，"我正等着付印呢！"

"给！"毛简青从口袋里拿出译文，递给毛泽民说，"好险，差点送不来了。"

毛泽民忙问："出了什么事？"

毛简青将上午发生的事扼要说了，叮嘱毛泽民：

"日共中央机关出事了，要赶快采取应急措施。请马上转告恩来同志。"

"好，我马上报告。"毛泽民又担心地问，"淑坤他们呢？脱险了吗？"

"他们先我一步出来了，只是不知女儿怎么样了。"毛简青说。

毛泽民对钱希均说："你快去里弄看看，接应淑坤母子。她来过这里，估计会到这儿来的。"

钱希均下楼去了，毛泽民拿起电话，小声向周恩来通报了情况。周恩来指示说："知道了，你转告毛简青，他处置得好，这密件非常重要，印后立即送我。他自己也要特别注意安全，让吴克坚给他另行安排住所。"

过了一会，钱希均和吴淑坤带着儿子毛荫生、女儿毛梦红来了。毛简青惊喜地问道："你们怎么一同来的呀？"

吴淑坤说："我带着荫生在菜市场转了几圈，担心你父女出事，又转回去，在角落里蹲着。见你出来后，没见梦红，心里很急，直至梦红下来后才动身，是以同来了。"

毛梦红快言快语地说："爸爸，你那个老同学说他不会为难你，叫你不要担心。我看这人还有点良心！"

"或许吧，不过也不可轻信。"毛简青说，"他是还没抓到我的把柄。你做工作可千万要警惕，不能麻痹呀！"

当晚，在吴克坚的安排下，毛简青一家人住进了韬明路的一所楼房里。清晨，密件已印出，毛简青化装成阔老板，怀揣密件，到周恩来新住地——南京路新新大旅馆的一个大套间里，把密件当面交给他。周恩来看了，高兴地握着毛简青的手说："好！这事太及时了！"停了一下又说，"鉴于目前形势的变化，你与日共中央的联络暂时中止，把主要精力放在编译和报刊编辑宣传工作上吧！"

"好的。"毛简青答道。

这年春末夏初的一天，毛简青收到一封信，让他回到原住所取回遗漏的一张 1000 元支票。那是国民党查抄毛简青住所时，发现有一张 1000 元的支票，所以用此做诱饵。毛简青当然不会上当。

在互济会

1928 年，谢觉哉来到上海，中央决定由他主编党中央机关刊物《红旗》。谢觉哉一个人生活，组织上便安排他住到毛简青家里。这期间，毛简青与谢觉哉同餐共寝，如兄弟一般。谢觉哉比毛简青大 7 岁，简青夫妇叫他大哥，儿女称他大伯，3 岁的荫生常趴在他背上，要他驮着上街玩。

当时环境险恶，不允许有太多人做采访和编辑工作。《红旗》文稿的编辑、校对都是谢觉哉。谢觉哉常约毛简青为《红旗》撰稿和译稿，毛简青总是挤出时间，尽力完成。他的文章思想性和战斗性很强，杂文短小精悍，译文准确无误，谢觉哉看了拍手叫好，总是一字不改，原文照发。

不久，毛简青调济难会（即后来的中国革命互济会，它是在共产国际的号召下，由中国共产党领导建立的），同时兼任互济会日报的编辑工作。

1929 年 1 月，中共中央委派毛简青对济难会的工作情况作一番全面考察，并代为草拟一份通告。毛简青经过深入调查，发现济难会工作中，存在关门主义和与党的工作混淆的问题，还有把济难会变成党的救济部，抑或把济难会看作普通慈善机构的倾向。对此，他向中央汇报后，草拟了第 26 号通告，由中央于 1 月 5 日正式发出。通告要求各地党组织调整济难会同党的关系，济难会组织应同党组织系统分开，党应经过济难会中的党团来领导济难会工作，济难会的领导成员至少要有半数非党同志。

各地党组织贯彻中央指示，改善了对济难会的领导。如广东省委就为济难会工作发了专门通告，强调要纠正把济难会看成党的救济会和看作普通慈善机构的错误倾向，并就济难会的组织、宣传、救济工作及其与党的关系，做了具体规定。

为了营救被捕的革命志士，毛简青向总会领导建议，在上海开设一些店铺，替一些经过营救工作可以"保释"的同志打"铺保"。总会领导采纳了他的意见，在法租界和闸北地区设立了几个店铺：一个木器铺、一个烟纸店和一个煤炭店，还有一个酒店。

当时反动当局通缉凌炳，凌炳出走日本，不久返回上海。毛简青热情地接待了老友，让他设立一个地下联络点，以凌炳女儿的名义办起了一个酒店。此后，党组织用这些店铺的名义作"铺保"，先后保释同志20多人。1930年，凌炳也在全国互济总会工作。

1929年3月15日，济难会全国总会编辑出版了《牺牲》（第一集），这是一本革命烈士纪念册。毛简青负责编辑事宜。他夜以继日地广泛收集整理资料，经常化装外出，与上海市总会和浙、赣、皖、湘、鄂、豫、冀、粤等省总会有关人员联系，征集革命烈士和死难者的名单、传记、照片，还亲自访问烈士的战友、家属以及知情人。他怀着对烈士的深切悼念和对新老军阀法西斯残暴统治的无比愤恨之情，与其他编辑人员一道，用满蘸热血和泪水之笔，写出了一篇篇英烈的史诗和革命斗争的檄文。

在白色恐怖下的上海，毛简青以济难会的名义，多方联系失去组织关系的共产党员、共青团员，把他们团结起来，沟通了为他们恢复党、团组织关系的渠道，同时架起了党外的革命者同党联系的桥梁。

1928年12月至1929年3月，中共湖南省委迁至上海期间，不少失去组织关系的湘籍共产党员、共青团员从湖南逃来上海。毛简青经过济难会和地下交通站与他们联系后，组织他们进入短期训练班学习和考察，从而恢复了他们的党、团组织关系。

济难会在社会各界影响很大，鲁迅、杨度等都加入了济难会。冯雪峰在《党给鲁迅以力量》中写道，1928年12月自己开始和鲁迅来往时，我们党已经有别的同志和鲁迅来往，主要的是经过革命互济会这一环。杨度到上海后也加入了济难会，经过党组织一段时间的考察，于1929年秋被吸收为中国共产党的秘密党员。

在济难会负责党的秘密宣传工作的毛简青，通过编辑出版互济会的报刊、宣言、通电、传单等宣传品，与文化界名人建立了联系。他还登门拜访，以学者身份和他们交流探讨有关社会科学等问题。一次他拜访鲁迅时，鲁迅得知他曾在日本留学多年，毕业于东京帝国大学经济系，非常高兴地说："我们还是同学呀！我原是学医的，你是学经济的。"停了一下，鲁迅拧起眉头，深有感触地说："社会制度不从根本上改造，学医也好，学经济也好，都无济于事啊！"

"您说得很对！"毛简青说，"所以我也和您一样早改行了！"

"好！"鲁迅舒展眉头，会意地笑了。

1929年12月，中国济难会改名为中国革命互济会。12月24—27日，中国革命互济会第一次全国代表大会在上海秘密举行。参加会议的有14省的代表。中共中央、共青团中央、全国总工会和赤色救济国际的代表出席了会议并发表了演讲。各省代表在会上报告了工作和当地的政治情况。

毛简青在会前参加了大会的筹备工作，为大会起草文件和报告。会议期间，他广泛听取代表们的意见，进一步修改了《中国革命互济会目前的任务与工作方针决议案》及《中国革命互济会总章程》。会议通过了 14 个文电和 5 项临时动议，其中有几个文电是毛简青亲自起草的，如《中国革命互济会第一次全国代表大会宣言》《反对军阀混战宣言》《慰问全国革命烈士家属信》等。

1930 年初，毛简青积极参与了中国革命互济总会组织的一次全国性的"三一八拥护红军反对国民党进攻苏区宣传周"活动。这年 1 月，他参与起草通告，要求各地以"拥护红军""反对白色恐怖""捐款救济革命战士""反对军阀混战""武装拥护苏联""反对世界第二次大战"等口号，联系各地群众，发动全国性罢工、罢课，反对白色恐怖的斗争。

各地都举行了"三一八"宣传周活动。据统计，这期间，散发宣言、传单、特刊、画报、标语 180 万张。毛简青的家乡湖南平江开展了声势浩大的"三一八"武装大示威。平江四乡群众在数十个暴动点点燃了斗争的火把，人人扛梭镖、擎红旗，抓了一百多个土豪劣绅，押着他们示威游行，高呼"共产党万岁！""红军万岁！""纪念巴黎公社！""拥护反帝同盟！""武装保卫苏联！"等口号，一个晚上打掉了上百个敌人哨所，镇压了百多名反动分子，给国民党反动派以严重警告。消息传到上海，毛简青得知家乡的革命斗争在持续发展，感到异常兴奋。

从 1930 年 5 月起，李立三积极推行其冒险主义方针。6 月 11 日，他主持中央政治局会议，通过了《新的革命高潮与一省或几省的首先胜利》的决议案，要求全国各地迅速准备武装起义。互济会跟着这一"左"倾冒险主义步伐，工作也逐步进入了错误轨道。这期间，毛简青虽然和李立三接触较为密切，但他是反对"左"倾盲动主义的，在理论上和实际工作中进行过抵制。他认为新的革命高潮尚在孕育之中，目前并没有到来。中国互济会的政治色彩不应明显地暴露在敌人面前，它的任务和工作方法应与党和红军的工作有所区别。然而，他的这些观点和看法却被视为右倾的言论。这使他很苦恼，但他的革命热忱始终如一，工作无丝毫懈怠。

　　1931年9月18日晚，日本关东军向中国军队发起猛烈攻击，炮轰沈阳北大营和兵工厂。消息传来，毛简青愤怒至极。他和互济会的同事们、上海学生、工人和市民一起上街游行示威，抵制日货，要求国民党政府和国民党中央党部对日宣战。然而，蒋介石却坚持"攘外必先安内"的方针，以主要兵力"围剿"工农红军，对日抵抗不力。

　　毛简青在互济会的报刊上发表文章，揭露蒋介石和南京政府的卖国行径，宣传中共中央坚决主张对日抗战。"反对日本帝国主义强占东北三省！"他在文中号召全国人民动员起来，武装起来，反对日本的侵略和国民党的反动统治。

1931年4月下旬，顾顺章叛变，周恩来在陈云等协助下，果断采取措施，保卫了中共中央的安全。6月，向忠发因个人自由行动被捕，很快叛变。王明离开上海前往莫斯科，周恩来也被迫前往瑞金。行前，他安排一批在上海做地下工作的重要干部转移到各革命根据地。毛简青就是在1931年秋奉命去湘鄂西根据地工作的。这时，他患病还未康复，但他愉快地接受了组织的调遣。

在城市做了多年的秘密宣传工作，毛简青渴望到苏区第一线去，做些前线的工作。他的好友谢觉哉已先他去了湘鄂西根据地，他盼着与老友早日相会，并肩战斗。毛简青深信，要实现抗日救亡，夺取中国革命的胜利，必须拿起枪杆子，走工农武装割据、农村包围城市之路。他很想到毛泽东所在的江西苏区去，但既然组织上决定要他去湘鄂西苏区，他是无条件服从的。直至行前的那天晚上，他才告诉心爱的妻子吴淑坤。

吴淑坤听说丈夫明天就要去洪湖，异常担心：“你的病还没好，身体怎么吃得消啊？！"

毛简青伸伸腿，拍拍腰，微笑着说："你看，我身板硬朗着呢，能挺得住！"

吴淑坤问："你这一走，要多久才能回来？"

"说不定，"毛简青回答道，"也许三年五载，或更长一些时间。"

吴淑坤急了："你出去工作，除了你要保重身体外，其他都没什么，只是孩子太小，这个家怎么办，还要不要？"

毛简青俯下身子，亲吻着睡在床上的孩子，一面从口袋里掏出一块银圆塞在孩子手里，一面转身对妻子说："家，我当然要。作为每个人的一生来说，当然希望骨肉团聚，过着美好的生活。但我们干革命，正是为着家，特别是为了四万万人的家。你知道'皮之不存，毛将焉附'的道理。现在国家面临亡国之忧，使得我们劳碌奔波，赴黄埔，往梧州，回平江，来上海，经受了多少惊涛骇浪，忍受了多少困苦艰辛。"

毛简青深情地望着妻子："特别是你同我顶风冒雪，同舟共济，为我做了许多掩护工作，真是茹苦含辛，始终不渝。这不正是为了实现革命的理想，为了爱护四万万人民的家吗？我这次去湘鄂西，是组织的决定、革命的需要。"

停了一下，毛简青继续说："我们也许只是暂时分手，这也是为了你们母子的安全。你们不要离开上海，有困难，党会照顾你们的。"

分离的痛苦和留恋，融在为革命、为救国、为四万万人民的大家这个神圣的理想和目标之中。吴淑坤连夜为毛简青收拾了简单的行装和未吃完的药物。第二天清早，毛简青化装成商人，与同去湘鄂西工作的徐锡根（曾任中央代表、湘鄂西中央分局书记）、宋盘铭（曾任团中央代表、红三军九师政委）一道乘上了去往湖北沙市的轮船。

毛简青等人到了沙市后，就在一个小旅馆里住了下来。按照上级规定的联络办法，给沙市一家商店的一个职员写了封简短的信。这个职员是湘鄂西党的秘密交通员。第二天，他们便收到了回信，约定了会面时间。

第三天晚上，正当毛简青他们在焦急等待的时候，外面走进来一个商人模样的人。关上房门之后，毛简青从口袋里拿出一本《古文观止》给他。来人翻阅到书中的联络暗号时，欣喜地说："家里人来了！"

几个人小声交谈起来。经过商议，决定同去的徐锡根、宋盘铭化装成渔民，毛简青化装成鱼老板，坐渔船到洪湖苏区去。第二天，这个秘密交通员一大早就到旅社，领着化好装的毛简青等人来到江边。那里停泊着大大小小的船只。秘密交通员与一个中年渔民打了招呼后，几人便登上了渔船。渔民望了他们一眼，解了缆绳，拿起竹篙，往岸上一点，船就离了岸，向江心划去。

滚滚江水，波涛翻涌。小船顺流直下。毛简青表面上在悠闲自得地观望江岸一片片黄灿灿的稻田和一个个村庄，其实一直在关注着江面和两岸的动静。那个扎着黑布头巾的中年渔民划着桨，不时哼几句渔歌，时而把船划到东岸那边，时而又往西岸边划，巧妙地避开了敌人的盘查哨。

湖北洪湖瞿家湾三面环水，到处是一片片的芦苇地，长满芦苇和蒿草，间杂有大片的荷塘。这里是第二次国内革命战争时期湘鄂西革命根据地的中心。早在 1926 年，党组织就派彭国才到这里发动群众，成立了渔民平粜协会等组织，1928 年秋建立了党的组织和洪湖游击队。此后，这里的革命武装斗争形势蓬勃发展。1931 年，湘鄂西省苏维埃政府在这里正式诞生，中共湘鄂西省委、中共中央湘鄂西分局等机关也先后在此办公。

踏上瞿家湾，毛简青就去中共中央湘鄂西分局机关报到。机关设在一栋长 15 米、宽 7 米，两进两间的中式砖瓦结构的房屋内。湘鄂西分局书记夏曦的办公室兼住房就在第二进东边的房间里。

"简青你好！欢迎你的到来！"夏曦放下正在批阅的文件，握着毛简青的手说。

"夏书记，开门见山，请分配我的工作吧！"

"还是干你的老本行，先主编省委宣传部的机关报《洪湖日报》，熟悉情况后再去创办分局机关报《红旗日报》。"夏曦说。

"好的。"毛简青告辞出来，到组织部转了介绍信，便到洪湖日报社去了。当晚，他找到《工农日报》编辑部，见到了好友谢觉哉。

"你也来了！"谢觉哉兴奋地拉着毛简青的手，问长问短，"家里好吗？萌生应该长高了吧？"

"都还好。"毛简青说，"只是上海的环境更恶劣了，恩来同志也撤到江西苏区去了！"

"到苏区去好！"谢觉哉说，"以农村包围城市，将来再打回上海去！"

"是呀！"毛简青说，"我也是这样想的，毛泽东走的路是对的。"

谢觉哉仔细打量着毛简青，发现他的脸上还是有些浮肿，担心地问："你的病还没好呀？"

"没什么。"毛简青说。

"这里比较潮湿，医药条件也不好，怎么不在上海治好病再来？"

"等不及了！"毛简青笑着说，"你年纪比我大7岁，身体也不那么好，不是早就来了么！"

接着谢觉哉问带药没有。

"带了！"毛简青说，"你弟妹给带了一大包呢。"

"那你要多注意休息，不要蛮干。"谢觉哉叮嘱道。

谈着谈着，天已黑下来了。这晚上谢觉哉为毛简青接风。柳直荀得知毛简青来了，也赶来参加，并带来了一些菜。三人高兴地在一起谈到很晚，柳直荀才离去。毛简青就在谢觉哉处，两人谈到深夜，才抵足而眠。

《红旗》主笔

　　《洪湖日报》由毛简青负责编辑。除了他之外，还有两个人负责采访兼编写。《洪湖日报》创办后，开始为7天一期，后改为3天一期，起初是油印，后是石印，后来把石印机让给《红旗日报》了，有时也"打一下游击"，抓空印一期石印的报纸。

　　《洪湖日报》内容多是时事、政策宣传、土地革命和生产救灾、军事斗争等消息，还有文学艺术。毛简青惜墨如金，目的就是要让工农大众在最短的时间里读到更多的消息和文章。他逐字逐句推敲，把每篇文章精减到三五百字，最长的也在一两千字之内；消息短的只有几十个字，最长不超过两百字。

他对稿件总是一丝不苟，经常改编稿件直到深夜。洪湖蚊子多，他找来一些艾叶熏，有时干脆坐在蚊帐里改写。他把编辑工作安排在晚上，白天拖着病体去百姓家里和部队采访。他还发动各县宣传部和区、乡负责人撰稿，建立了一支通讯员队伍。晚上改稿累了，眼睛睁不开，他就弄点生姜片，在额头上揉一揉，或者泡一碗姜汤，边喝边工作。腹部一痛，他就用左手按着，右手仍握着笔写文章。

"你不要命了！"谢觉哉发现后赶忙制止。

"没什么。"毛简青勉强笑笑，"明天这稿子要见报呀！"

"你躺下，我代你改改。"谢觉哉伸手去夺笔和稿子。

"你没去采访，还是让我自己来吧！"毛简青固执地说。

"真拿你没办法！"谢觉哉无可奈何地说，"明天一早我到乡间给你请个郎中看看。"

第二天，谢觉哉起了个大早，跑了十几里路，给毛简青请来了乡村有经验的老郎中。老郎中给号了脉，开了药，叮嘱按时服用，注意休息。然而，毛简青依旧忙于工作，边喝药边改文章，保证了报纸的按时印制。

在《洪湖日报》工作一段时间后，毛简青被调往湘鄂西分局创办《红旗日报》，任第一任社长兼主编。《红旗日报》刊登最多的是武装斗争的通讯，一天一期，共有两版，每期印刷 1400 份左右。该日报有两个副刊，一个是《布尔什维克周刊》，一个是《捷报》，还辟有《时事要闻》《党内生活》和《乐园》等专栏。毛简青把《红旗日报》真正办成了一张通俗易懂、大家喜闻乐见的报纸。

"老子本姓天，住在洪湖边，要想捉老子，除非是神仙。"一次，毛简青下湖采访，听到驾舟的渔民引吭高唱这首歌，联想到自己在家乡平江红花尖听到的山歌——"老子本姓天，住在红花尖。有人来吃粮，八角钱一天。要问生活好不好，腊肉用油煎。有人反对我，叫他脑袋作两边"，兴奋地笑了，提起笔就在小本上记下了渔民唱的歌。第二天这首歌在报纸副刊上登载出来，渔民们见到，咧着嘴唱得更欢了。报纸副刊上还登过《武装暴动歌》《十大政纲歌》《少年先锋歌》《告白军士兵歌》《当兵就要当红军》等歌谣，其中《宝塔诗》别具一格，形如宝塔，起始的"穷"字，既为诗题，又为诗韵。从第一句开始，向下逐层增加字数，如此排列下来，构成一个宝塔形：

穷

工农

可怜虫

为人雇佣

身在黑暗中

不辨南北西东

哪怕是受人牢笼

共产党似暮鼓晨钟

唤醒世界上一般痴聋

才知衣食住靠我们劳动

豪绅地主坐享天地也不容

拿起镰刀斧头向前勇敢冲锋

杀开一条血路遍地赤色血染红

推翻旧社会我们工农要做主人翁

爱国家爱民族无战争实现世界大同

各尽所能各取所需共产主义革命成功

又如"想吃辣子不怕辣，要当红军不怕杀。刀子架在脖子上，砍下脑壳碗大疤""竹笋出土尖又尖，工农团结不怕天。天塌由我工农顶，地垮有我工农填，共产党把路来指点"等民歌，在报上一登，苏区军民就传唱开了。

《红旗日报》的读者包括华容、南县、江陵、监利、石首、公安、天门、沔阳、潜江、汉川等30多个县的各级党政机关和红军指战员，还有不少群众也争相阅读。当时流传着这样一首歌谣："苏维埃政府领导好，报纸印得多精巧。生产练兵搞完了，村村到处听读报。"

由于战争的原因，迄今已难找到完整的《红旗日报》，我们看不到报纸的全貌，但通过1977年发现的一张《红旗日报》残片，可窥见一斑。那张《红旗日报》残片头版在"扩大生产，修堤开河，集中和节省经济，保证红军的给养"的半通栏标题下，载有《整顿水利宣传大纲》的文章，另有《湘匪军打枪骚扰，搜刮农民钱财，不发士兵饷》的要闻，还有《反动统治下之汉口一个惊人的统计一日内死九百人》的通讯。文章短小精悍，均在 300 字以内，且用词口语化，通俗易懂，书写工整，版面清晰。

1931 年夏，长江水患。7 月上旬，洪湖苏区已有 60% 的地区受灾。湘鄂西临时省委紧急动员，一面组织民工上堤抢险，一面在江南华容苏区开掘一条 3 里多长的河道，以缓减江北的水势。可是，国民党军队却枪击上车湾修堤抢险的群众，并掘开长江大堤，"水淹苏区"，致使监利、沔阳、汉川、江陵苏区大部被水淹没，一片汪洋，灾民百万。

严重的水灾，使红军粮食、食盐、布匹、医药等物资奇缺，给反"围剿"造成极大困难。苏区的田土被淹，房屋倒塌，群众被迫外出逃荒。洪湖苏区面临着极其严峻的考验。毛简青主编的《红旗日报》，把宣传动员苏区军民进行抢险救灾作为一项重要的任务，以大量篇幅登载救灾消息和典型，督促各级党组织坚决贯彻执行临时省委《关于水灾时期党的紧急任务决议案》，全力以赴地领导抗灾斗争。

1932年初，新西兰友人路易·艾黎受国际联盟救济机构的委托，为发放救济粮食及药品来到中国。他不顾国民党当局的阻挠，坚持要到被国民党称为"共匪窝子"的洪湖苏区考察灾情。考察中，他亲眼见到了苏区军民抢修堤坝的动人场景。回武汉后，他提出洪湖地区灾情严重，人民抗灾努力，理应得到救济，随后，亲押船队自武汉溯江而上。尽管途中受到国民党军队的阻挠，但最终将大批物资送至洪湖，给苏区人民送来了救济粮。

毛简青亲自采访报道了路易·艾黎的这一壮举，感谢国际友人对苏区军民的支援。

矢志不渝

1932年1月，王明"左"倾冒险主义方针在党、红军和根据地内全面贯彻。在组织上他们打着"反右倾"和"改造和充实各级领导机关"的旗号，实行宗派主义，对不同意他们错误主张的人，进行"残酷斗争，无情打击"。

1月22—30日，中共湘鄂西第四次代表大会召开。到会代表共127人，毛简青以《红旗日报》社长兼主编的身份参加了大会。

在讨论夏曦所作的政治报告时，万涛、潘家辰等70多名代表对夏曦到湘鄂西苏区半年多来的工作，提出了严厉的批评。但是之后中央派来的代表却肯定了湘鄂西中央分局成立以来执行的路线是"真正的国际路线的转变"所取得的成绩，指责万涛、潘家辰等是"党内右倾机会主义者"。

会后，湘鄂西开始了"残酷斗争，无情打击"的"反倾向"斗争。自1932年5月开始，先后发动了4次大规模的反"改组派"的运动，推行错误的"肃反"政策。负责肃反工作的各级肃反委员会及政治保卫局有独立的工作系统，凌驾于党委之上。

夏曦操纵的中共湘鄂西省委在《关于湘鄂西具体情况的报告》中说，湘鄂西苏区党、政、军机关中的"改组派"分子俯拾皆是。中央分局从这些错误的认识出发，做出了荒谬的结论，犯下肃反扩大化的严重错误。

"反革命"分子和"改组派"会如此之多？毛简青怀着对党的事业的高度责任心，直接向夏曦反映调查情况，希望分局领导出面，制止保卫局搞"逼供信"、乱抓乱捕的错误做法。

"你这不是为'改组派'鸣冤叫屈吗？"夏曦涨红着脸大声说。

"不！"毛简青理直气壮地说，"我这是实事求是，维护党的事业不受损害。”

“不许你抹杀分局肃反的成绩！”夏曦向毛简青发出警告，“你是老同志，要执行国际和中央的路线，不要成了老糊涂，做‘改组派’的跟屁虫。”

“我糊涂了吗？”毛简青问道，“我就不懂，怎么这些创造苏区的人都成了‘改组派’？”

“你不懂，回去好好想一想。”夏曦说，“想通了再来找我谈。”

这天，夏曦在中央分局召开的干部会议上作报告，他在解释几位负责干部为什么会变成“反革命”时，说“他们为了破坏苏区而创造苏区，为了破坏红军才创造红军”。在回答一些干部提出的“在战场上敢于冲锋陷阵的人为什么会是反革命”的问题时，夏曦的解释是：“反革命分子之所以勇敢地战斗，表现得对革命忠诚，正是因为他们企图更有力地进行反革命。”

对夏曦的这些奇谈怪论，贺龙当即表示反对，他说：“我是一个革命军人，不懂得那些高深的理论，不懂得今天说这个‘右派’，明天说那个‘右派’。我只知道，一个真正的共产党员，应该把枪口对准敌人。"谢觉哉也不赞成夏曦的观点。因此，他主编的《工农日报》一开始没有刊登夏曦这篇讲话。夏曦对此极为反感，几次追问，《工农日报》不得已才予刊登。也就是因为这件事，夏曦指责谢觉哉"一贯右倾，办报不知出了多少错误"。此后，在夏曦内定的所谓"右倾机会主义分子"和"改组派"的名单中，出现了谢觉哉的名字。只是由于不久根据地就彻底失陷，谢觉哉在敌人"清湖"时被捕，才得以从这份名单中"漏网"。

毛简青坚决反对夏曦肃反扩大化的错误，他准备收集材料，向中央写一份报告。然而，一天晚上，政治保卫局的人员闯进报社宿舍，不问情由，将毛简青和另一名工作人员小肖一同逮捕。

牢房里关的全是所谓"改组派"。"犯人"一天比一天多，牢房里拥挤不堪。毛简青要求见夏曦。

审讯者道："你就是夏书记批准逮捕的，见他有何用！"

"凭什么理由关我？"毛简青质问道。

"你为'改组派'鸣冤叫屈，你自己就是'改组派'！"审讯者回答道。

"你们还讲不讲实事求是？还让不让人维护真理？"毛简青反问道。

审讯者手一挥："你是'改组派'，闭嘴！"

毛简青被从审讯室押回监狱。监狱里一天两餐，每餐只有两勺麦米花子，他身体有病，无法咽下。这时，抓来的"犯人"激增，瞿家湾大部分房子被腾出来。小肖也被关押了。

毛简青对负责看管的保卫局人员说："小肖是给我打下手刻蜡纸的。我是主编，有什么事我负责，他没责任，请你们放他出去！"

"你们放毛主编出去，他身体不好，关久了会挺不住的。"小肖叫道。

看守说："你俩都是'改组派'，都休想出去！"

不论如何"审讯"，毛简青始终不承认自己是"改组派"。审讯者无可奈何，只好仍将毛简青关在监狱里。

毛简青的心在泣血。狱中十分潮湿，睡在破烂的芦席上，蚊虫叮咬，十分难受。他的病日见沉重，看守又不让就医……毛简青只有一个念头：他要用自己最后的生命和最后的一滴血去控诉"左"倾路线，警告"左"倾错误执行者,去告诉后人,千万不能再犯"左"倾错误。他要留下遗书，但没有纸、笔、墨，就用他的生命给党和人民留下最后的遗书吧！

1932 年，毛简青在狱中病逝，时年 41 岁。

留取丹心照汗青

青山永在，绿水长流，烈士的英灵长驻人间。

1945 年，延安中央党校大礼堂，党中央、毛泽东主席为毛简青平反昭雪，举行追悼大会，谢觉哉为他写了传略，被载入《死难烈士英名录》。

1951 年，经国务院内务部批准，毛简青按省级烈士标准予以抚恤。中央人民政府南方老革命根据地访问团在谢觉哉团长的率领下，慰问其家属。

在广西梧州，毛简青当年开展革命活动的旧址被作为重点文物保护单位长期开放，他的事迹和照片专门辟了陈列室。参观学习的人络绎不绝。

在黄埔军校旧址，毛简青作为军校创办时的政治教官，其传略被载入《黄埔军校将帅录》。

在洪湖瞿家湾，湘鄂西苏区革命纪念地，毛简青烈士的英名屹立在由王震亲笔题字的"湘鄂西苏区瞿家湾革命纪念碑"中。他的传略被载入《瞿家湾志》。他生前工作过的红旗日报社旧址被作为重点文物保护下来，对外开放。

他的遗骸，被亲属从牺牲地洪湖瞿家湾接回，安放在故居院内。他的故居中共平江县委旧址，被列入全国重点文物保护单位。

在湘鄂赣革命根据地纪念馆，陈列着毛简青烈士的生平事迹。

2008 年 4 月 17 日，《人民日报》发表《"三月扑城"惊天地——纪念"三月扑城"80 周年暨著名烈士毛简青诞辰 118 周年》的文章。

2018 年 8 月，《人民日报》再次刊发和播出毛简青烈士的生平事迹。

在烈士的故乡湖南平江县，到处都可以见到"简青精神"的痕迹——简青学校、简青大桥、简青大道。

在毛简青烈士故居，人们来这里接受爱国主义教育。

毛简青永远是平江人民的骄傲。他是党的好儿子。

人生自古谁无死，留取丹心照汗青。人们将永远敬仰他，怀念他。

《英烈故事丛书》书目

单行本（95种）

为国捐躯·宋教仁	浏阳河畔播火人·潘心元
首义功臣·蒋翊武	从容莫负少年头·何孟雄
辛亥革命元勋·黄兴	英勇最年少·欧阳立安
护国元勋·蔡锷	革命"向导"·蔡和森
黄埔奇才·蒋先云	飞将军·黄公略
湘南农民运动的先驱·雷晋乾	为大众之生息·曾士峩
献身信仰的革命伉俪·田波扬与陈昌甫	我要追求光明·李灿
爱国岂能怕挂头·郭亮	文武奇才·陈奇
只要主义真·夏明翰	忠魂直上重霄九·柳直荀
全党党员之楷模·罗亦农	革命理想大于天·毛简青
中共第一女委员·向警予	军中智囊·蔡申熙
红军骁将·王尔琢	共和国第一烈士·段德昌
吾将吾身交吾党·贺锦斋	游击队女司令·贺英
伉俪遗书感天地·陈觉与赵云霄	坚定的农民革命者·毛福轩
傲霜秋菊女英豪·毛泽建	用生命实现革命诺言·黄励
热血谱春秋·颜昌颐	工人运动的杰出领袖·邓中夏
第一位女共产党员·缪伯英	"新华英烈"第一人·周以栗
血染苏中沃土·何昆	断肠明志·陈树湘
共和国第九烈士·陈毅安	女党员之杰出者·何宝珍
从富家公子到红军名将·胡少海	最年轻的红军军团长·寻淮洲
工农运动的领袖·罗学瓒	中共创始人之一·何叔衡
一代"骄杨"·杨开慧	血染的红军利剑·钟纬剑

红军优秀的指挥员·毛泽覃　　　　为人民服务·雷锋

铁血儒将·曾中生　　　　　　　　战士永生·欧阳海

独臂将军·刘畴西　　　　　　　　从白面书生到红军骁将·曾日三

餐风饮露志如虹·蔡会文　　　　　人民司法制度奠基人·谢觉哉

"红色管家"·陈为人　　　　　　　从将军到开国部长·滕代远

长征虎将·谢嵩　　　　　　　　　大青山上一杆旗·姚喆

骑兵政委·邓永耀　　　　　　　　战功卓著的开国上将·邓华

赤胆忠烈·涂正坤　　　　　　　　公安英模·官同生

虎贲将军·郑作民　　　　　　　　为民肝胆酬·罗健夫

游击专家·张正坤　　　　　　　　长征路上唯一的大学教授·成仿吾

回民支队政委·郭陆顺　　　　　　用笔战斗的大将·谭政

革命宣讲家·谢翰文　　　　　　　军之良才·朱良才

愿拼热血卫吾华·左权　　　　　　烈火中永生·鲁运新

太行女杰·黄君珏　　　　　　　　智勇双全·彭明治

白手起家建兵工·吴师孟　　　　　理论界的鲁迅·李达

"红色大管家"·毛泽民　　　　　　洪水中的丰碑·胡宗亮与吴娅莉

将军百战死·彭士量　　　　　　　人民公安为人民·蒋学远

孤军抗日寇·吕旃蒙　　　　　　　为民书记·郑培民

南征北战血洒蕉山·梁鸿钧　　　　新世纪的"欧阳海"·雷宏

坚贞不屈的共产主义战士·朱克靖　热血铸警魂·张杰明

卧底将军·谢士炎　　　　　　　　青春热血卫海疆·杨松林

永不消逝的电波·李白　　　　　　大爱无声·谭千秋

骆驼精神耀千秋·任弼时　　　　　爱民模范·宋文博

青山处处埋忠骨·毛岸英　　　　　献身强军目标的好兵·李影超

舍己救人的国际共产主义战士·罗盛教　逐梦海天的强军先锋·张超

人民公仆·林伯渠